Wunibald Müller · Empathie

WUNIBALD MÜLLER

Empathie

Der Seele eine Stimme geben

Matthias-Grünewald-Verlag · Mainz

Für Thomas Morus Dominik

CIP-Titelaufnahme der Deutschen Bibliothek
Müller, Wunibald:
Empathie: der Seele eine Stimme geben / Wunibald Müller. –
Mainz: Matthias-Grünewald-Verl., 1991
ISBN 3-7867-1536-X

Umschlag: Werner Veith, unter Verwendung von: Edward Fish, Creation
Satz: Georg Aug. Walter's Druckerei GmbH, 6228 Eltville am Rhein
Druck und Bindung: Buch und Offsetdruckerei Wagner GmbH, Nördlingen
ISBN 3-7867-1536-X

INHALT

VORWORT

Von Carl Rogers wird berichtet, daß er sich persönlich gekränkt fühlte, wenn er hörte oder las, wie manche sein Verständnis von Empathie im therapeutischen Prozeß auf die „Methode des Spiegelns" reduzierten. Empathisch zu sein, gar sich radikal empathisch auf eine Begegnung einzulassen, sei es in den alltäglichen Beziehungen, im seelsorglichen Gespräch, der Beratung oder Therapie, oder aber auch in der Begegnung mit Gott, ist in Wirklichkeit ein sehr persönlicher und intimer Vorgang, an dem Leib und Seele, Herz und Verstand gleichermaßen beteiligt sind. Es ist ein Bemühen, eine Sache, den anderen, Gott, immer tiefer zu erkennen, ihrer immer mehr innezuwerden. Es ist ein Prozeß, der Kontakt und Verbindung schafft bzw. eine bereits vorhandene Verbundenheit bewußt macht. Martin Buber gebraucht dafür oft das Wort Umfassung.
Die folgenden Ausführungen berichten und erzählen von der Bedeutung und Wirkung der Empathie in unserem täglichen Leben und in der Beziehung zu uns selbst, unseren Mitmenschen, zur Schöpfung und zu Gott. Sie verweisen auf den besonderen Stellenwert, den Empathie und Umfassung im seelsorglichen Gespräch und in der Therapie einnehmen. Sie machen deutlich, daß das seelsorgliche Gespräch und die Therapie erst dann zu einer Begegnung werden, aus der Heilung entstehen kann, wenn dabei Empathie und damit einhergehend die bedingungslose Annahme und Rückhaltlosigkeit des Seelsorgers und der Beraterin zum Ausdruck kommt. Eine solche Empathie aber verlangt den persönlichen Einsatz und das Einbringen der eigenen Person. Sie erfordert weiterhin die Fähigkeit, sich total in den oder die anderen einfühlen zu können, ohne sich dabei selbst zu verlieren. Ein eigenes Kapitel geht auf die Spannungen und Herausforderungen ein, die sich daraus für die Seelsorgerin und den Therapeuten ergeben.

Die Anwesenheit bzw. Nichtanwesenheit von Empathie und Umfassung haben aber auch außerhalb der Beratung, etwa in der Seelsorge und der Kirche, entsprechende Auswirkungen. Das gilt für den Umgang miteinander, für die Seelsorge und das kirchliche Leben und die Lehre der Kirche. So findet sich in diesem Buch auch ein eigenes Kapitel über „Empathie und Kirche".

Gerade bei dem letzten Kapitel ist mir deutlich geworden, wie recht Pierre Teilhard de Chardin hat, wenn er schreibt: „Im Grunde ist es nicht möglich, die Wahrnehmung einer Qualität, eines Geschmackes direkt durch Worte zu übermitteln." Denn, was ich in diesem Buch über die Empathie und ihre Wirkung im Kontext von Kirche, aus meinem eigenen Einfühlungsvermögen heraus, aus dem heraus, was ich zutiefst denke und fühle, geschrieben habe, läßt sich vielfach nur unzulänglich in Worte fassen. Wäre ich Bildhauer oder Musiker würde ich versuchen, mich über diese Ausdrucksmittel verständlich zu machen. Vermutlich wären meine „Werke" dann stärker in ihrem Ausdruck, würden sie eher das vermitteln, was ich letztlich mitteilen will. Ich wäre auf der anderen Seite auch geschützter gegenüber den Angriffen jener, die über Worte, Begriffe und Systeme selbst nicht hinauskommen und daher versuchen, andere daran festzunageln, damit aber den Geist und die Seele vielfach auslöschen. Könnte ich doch zum Beispiel das, was ich über meine Erfahrung mit Gott sagen will, in Form eines Musikstückes ausdrücken. Ich kann es nicht. So versuche ich es auf meine Weise. Wer mich wirklich verstehen will, sollte mir zuhören, wie wenn er einem Musikstück lauschen würde. Ich selbst nehme mir die Freiheit des Komponisten. Sollte ich dabei in dem, was ich mit meinen Worten versuche auszudrücken, den Eindruck erwecken, daß das, was ich sage nicht mehr in Einklang zu bringen sei mit der Lehre meiner Kirche, dann gilt für mich, was Thomas Merton in seiner Einleitung zu dem Buch „Seeds of Contemplation" (1449, 8) sagt: „Wenn auf diesen Seiten irgendetwas steht, das nicht in Einklang zu bringen ist mit der Lehre der Kirche, dann soll das als von vornherein gestrichen betrachtet werden“.

Ich möchte mit diesem Buch allen danken, die mich durch ihre Empathie immer wieder, auch in schwierigen Phasen meines Lebens, Verbundenheit und Umfassung erfahren ließen: meiner Frau, meinen Eltern, meinen Freunden, meinem Bischof. Auch durch sie und viele andere durfte – und, so hoffe ich, darf ich auch weiterhin – die Erfahrung machen, von Gott umfaßt zu sein.

Ich widme dieses Buch unserem Sohn Thomas Morus Dominik. Im Warten auf seine Geburt und während der ersten Wochen und Monate seines Lebens sind große Teile dieses Buches entstanden.

Wunibald Müller

Nächster Behandlungstermin:

Mo ________ Do ________

Di 1.5.9 Fr ________

Mi ________ Sa ________ 17 00 Uhr

Bitte rechtzeitig absagen, falls verhindert.
Krankenschein bitte nicht vergessen.

Priv. Doz. Dr. B. Jakober
Arzt für Innere Medizin
Gastroenterologe · Endokrinologe
KV 62 19 363 28
Uhlandstr. 14 - 7400 Tübingen
Tel. 0 70 71 - 3 22 67 - Fax: 36 01 55

Praxisstempel

PROLOG

> Ich nehme das Herz von Stein aus ihrer Brust und gebe ihnen ein Herz von Fleisch.
> *Ezechiel 11,19*

Wie ein Baukran oder Roboter

Ein Baby mit dem Namen Michael kam als Kind einer behinderten, etwa 16-jährigen Frau zur Welt. Es war das Kind einer Vergewaltigung. Bis zu seinem zweiten Lebensjahr lebte dieses Kind mit seiner Mutter in einer Mietswohnung, direkt neben einem Baugelände. Die Mutter war ständig unterwegs, war sich eigentlich der Anwesenheit ihres Kindes kaum bewußt und war auch kaum in der Lage, sich um ihr Kind zu kümmern. Das Kind schrie oft. Wenn die Nachbarn an die Tür klopften, um sich zu beschweren, meldete sich in der Regel niemand, da die Mutter weg war.
Eines Tages hörte das Schreien jäh auf. Tagelang vernahm man nahezu keinen Laut. Die Polizisten und Sozialarbeiterinnen, die herbeigerufen wurden und sich Einlaß in die Wohnung verschafften, fanden das Kind auf seinem Bettchen liegend vor. Es hinterließ einen lebendigen und bemerkenswert guten Eindruck, wenn man in Rechnung zog, daß es offensichtlich vernachlässigt worden war. Es spielte still auf seinem Bett, unterbrach immer wieder sein Spiel, um zum Fenster hinauszuschauen. Sein Spielen war außergewöhnlich. Während es zum Fenster hinausschaute, hob es seine Arme und brachte sie dann ruckartig zum halt; es erhob sich auf seinen dünnen Füßchen und ließ sich schließlich wieder fallen; es beugte sich und stand wieder auf. Der Junge erzeugte außerdem eigenartige Geräusche. Was machte er? Welches

Spiel spielte er? So fragten sich die anwesenden Sozialarbeiterinnen. Dann schauten sie aus dem Fenster. Dort sahen sie Baukräne beim Arbeiten. Trägerarme gingen auf und ab, blieben jäh stehen, um dann unversehens sich zu drehen und hinabzustürzen. Das Kind beobachtete den Kran, der am nächsten war. Wenn er sich erhob, stand es auf; beugte sich der Kran, beugte sich auch das Kind. Dabei versuchte es die Geräusche nachzumachen, die es gerade vom Kran vernahm. Michael wurde trotz großen Widerstands weggebracht. Er wollte nicht von dem Kran, den er über alles liebte, entfernt werden. Später lebte Michael in einer Einrichtung für geistig behinderte Kinder. Er bewegte sich wie ein Kran und nur Kräne vermochten ihn glücklich zu machen (nach Leavitt, 1986).

Es gibt Menschen, die bewegen sich *innerlich* wie Baukräne. Nach außen hin mögen sie den Eindruck erwecken, höflich, interessiert, freundlich, besorgt zu sein. Innerlich gleichen sie aber eher einem Instrument, das sich wie ein Baukran oder ein Roboter auf vorgegebenen Bahnen, ruckartig und funktional bewegt. Ihnen zu begegnen heißt, auf ein Objekt zu treffen. Ein Wort zu ihnen gesprochen mag die festgelegten Bewegungen eines Baukrans auslösen. Aber es vermag nichts wirklich zu bewegen, innerlich beim anderen auszulösen. Die Folge ist: in der Umgebung jener Menschen fühlt man sich zunehmend isoliert, reduziert auf einen Gegenstand. In der Begegnung mit ihnen, wenn man hier überhaupt von Begegnung sprechen kann, wird man selbst zunehmend zum Objekt, zum Baukran, zum Roboter. Man übernimmt immer mehr ihre abgehackten, holzschnitzartigen Bewegungen.
Ähnlich mag es einem ergehen, wenn man über eine längere Zeit in einer Umgebung lebt, die statt von echter Zuwendung, Menschenfreundlichkeit, Barmherzigkeit, Wärme, Einfühlung und Echtheit, von Gleichgültigkeit, Kälte, Legalismus und Unbarmherzigkeit geprägt ist. Dann stirbt das Leben und das Lebendige in einem. Übrig bleibt eine leblose Hülle, die entseelt und leblos wie

sie ist, gerade noch die wenigen vorgegebenen Bewegungen eines Baukrans bewältigen kann, nicht um zu leben, sondern um zu funktionieren.

Wie anders ergeht es mir in der Umgebung eines Menschen, dessen Herz nicht aus Stahl besteht, sondern aus Fleisch, der sich mir öffnet, der mir in sich Platz schafft, der mir glaubhaft zu verstehen gibt: Ja, ich verstehe dich. Der mir in sich einen großem Raum zur Verfügung stellt, in dem ich mich ausbreiten kann. Er umfängt mich. Er gibt mir das Gefühl, willkommen und von ihm respektiert und angenommen zu sein. Auch gestattet er mir, mich auf ihn hin auszudehnen, mich mit ihm zu verbinden, indem er meine Empfindungen und Gefühle bei sich einkehren läßt. In der Begegnung mit ihm fühle ich mich nicht isoliert. Ich bin mit ihm verbunden. In der Begegnung mit ihm erlebe ich mich als etwas Lebendiges, Fließendes, etwas, das sich in Bewegung befindet. Nicht ruckartig und abgehackt wie ein Baukran. Rund, fein, vorsichtig, spontan, unkontrolliert, zart, gerade heraus sind hier meine inneren Bewegungen. Vor allem aber sind sie nicht programmiert. Sie entstehen jeweils neu. Ihre Quelle bin ich. Sie nehmen von mir her ihren Ausgang. Da der oder die andere lebendig ist – und nicht ein toter Baukran – spricht und steckt er das Leben in mir an. Wir erwecken uns gegenseitig zum Leben, wenn wir uns füreinander öffnen, uns rückhaltlos annehmen, unsere Begegnung zur Spielwiese echten Austausches und echten Verhaltens machen.

Ich gehe in einer von Leben nur so pulsierenden Geschäftsstraße spazieren. Nach einer Weile schließe ich mich einer Menschenansammlung an. Sie umstellt einen jungen, schwarz gekleideten Mann, der einen Zylinder trägt. Er steht da wie erstarrt. Mit einem Ruck verändert er seine Position – und schon erscheint er wieder wie in Blei gegossen. Nichts an ihm bewegt sich. Man glaubt vor einer Skulptur zu stehen. Nur, wenn ich ihn lange genug beobachte, meine ich eine leichte Schwingung des ganzen Körpers ausmachen zu können. Es hat et-

was Faszinierendes zu sehen, wie sehr dieser Mann seinen Körper beherrscht. Doch meine Faszination wird bald abgelöst von Nachdenklichkeit. Hält uns da nicht jemand den Spiegel vor die Augen? Verkörpert da nicht jemand etwas, das in uns ist. Entspricht dieses mechanische, roboterhafte Verhalten nicht eher der Wirklichkeit als das äußere bunte Treiben um mich herum?

Robert Katz (1963, 111) fragt sich, was denn die Charakteristika *des* Menschen sind, der nicht in der Lage ist, sich in einen anderen Menschen einfühlen zu können. Und er gibt darauf die Antwort: „Er ist weder mit sich noch mit anderen verbunden. So wie er sich außerstande sieht, sich auf eine bedeutungsvolle und sensible Weise auf andere einzulassen, so vermag er auch sich selbst gegenüber keine Gefühle von Integration und Selbst-Annahme zu empfinden. Um Martin Bubers irgendwie ungewöhnlichen, zur gleichen Zeit aber auch nützlichen Begriff zu gebrauchen: Der Mensch unterhält zu sich und anderen eine ‚Ich-Es-' statt statt eine ‚Ich-Du'-Beziehung. Statt Mitmenschen zu sein, werden Menschen füreinander zu Objekten; er wird sich selbst zum Objekt."

Beim Zuhören darf ich wieder Kind werden

von Margot Bickel

Bei der gedanklichen Auseinandersetzung mit dem Thema „Empathie" – fielen mir spontan Menschen ein, und die Begegnungen mit ihnen in ihrer ganzen Vielfalt standen mir vor Augen: freudige, unbeschwerte Begegnungen, liebevolle und zärtliche Begegnungen, stille und vertraute Begegnungen, lärmende und oberflächliche.
Ich dachte auch an die eigene Ohnmacht in manchen seelsorgerlichen Begegnungen.

Doch Heilung ist – in meiner tiefsten Überzeugung – ein göttliches Geschehen. Wo der Mensch sich hinführen läßt zur Begegnung mit seinem liebenden Gott, der ihn in Jesus Christus angenommen hat und umfängt, geschieht Heilung. Und dazu braucht Gott Menschen, Wegbereiter, Begegnungen.

DU
aus deinen Augen blitzt Freude
Vertrauen
Neugier
Lachen
du erzählst
wovon dein Herz voll ist
die Worte sprudeln nur so aus dir heraus
unkontrolliert, unzensiert
wie es dir in den Sinn kommt

beim Zuhören und dich anschauen
darf ich selbst wieder Kind werden
die Menschen, die Schöpfung, die Welt
mit deinen staunenden Augen sehen
als gäbe es keine Enttäuschungen
keine Verletzungen
keine Narben
nur Unschuld
und Hunger und Durst
nach Leben
und neuen Entdeckungen

SIE
Ihre Augen verraten Vorsicht
Zurückhaltung
Mißtrauen
Angst
Sie sprechen
zögernd und stockend
die Worte sind überlegt
kontrolliert und abgewogen
der Verstand zügelt Herz und Gefühl

die ungesagten Worte
erzählen von Gefangenschaft
Enge, Angegriffen-Sein, Heillosigkeit
die ausweichenden Blicke
signalisieren Unsicherheit
offene Wunden
Verzweiflung
Schuldgefühle
und Hunger und Durst
nach Geborgenheit
und Liebe

WIR

Im Angesicht des Todes
deine Augen sind geschlossen
ich suche vergebens deinen Blick
unsere Hände sprechen
die Sprache der Zärtlichkeit
wo Worte nicht mehr treffen
noch bist du da
und doch schon voraus
noch spüre ich deine Gegenwart
du die meine?
Frieden strahlst du aus
endlich angekommen
daheim
es fällt nicht leicht
loszulassen
dich gehen zu lassen
ich denke:
Gottes Hände umfassen dich
und du erlebst
was ich nur ahne, aber glaube:
Begegnung
Erkenntnis
Offenbarung
Heilung
ewiges
unwiderrufliches
Angenommensein

I. MICH IN DIE INNERE WELT DES ANDEREN EINFÜHLEN

Die Fähigkeit der therapeutischen Behandlung erfordert einen geborenen und geübten Seelenkenner, von Natur aus befähigt, sich einzudenken, sich einzufühlen in fremdeste Schicksale, gepaart mit menschlichem Takt und still beobachtender Geduld ...

Stefan Zweig

1. EMPATHIE – SICH EINFÜHLEN IN DEN ANDEREN MENSCHEN

Ein hohes Maß an Empathie in einer Beziehung trägt wohl am meisten zur Veränderung und neuem Leben bei.

Carl Rogers

a. Ich bleibe nicht nur bei mir, ich gehe auch auf die andere Seite

Lasse ich mich auf jemanden ein, bleibe ich nicht nur auf meiner Seite, um von dort den anderen Menschen im Blick zu haben. Ich gehe auch auf die andere Seite, lasse mich innerlich auf den Mitmenschen ein, lasse mich von dem berühren, was ich dort sehe, höre, empfinde und spüre. Ich bin dabei auf meiner und zugleich auf seiner Seite. Ich begnüge mich nicht mit dem bloßen Aufnehmen, ich bin nicht nur ein lebloser Radarschirm, der lediglich etwas registriert. Würde ich mich damit begnügen, wäre ich ein zwar scharfsinniger Beobachter, dem nichts entgeht, ich bliebe aber auch ein unbeteiligtes Objekt, für den der oder die andere, wie für den Radarschirm, lediglich ein Objekt ist. So bin ich aber nicht nur auf meiner Seite gegenwärtig, sondern auch auf der anderen Seite präsent. Das meint, empathisch zu sein.

Das gilt für die alltäglichen Begegnungen unter Ehepartnern, in der Familie, unter Kollegen. In besonderer Weise gilt es für die Menschen, zu deren Aufgabe es gehört, das, was andere Menschen berührt und bewegt, zur Aussprache zu bringen. Sie darin zu verstehen und ihnen dabei nahe zu sein. Dazu zählen neben den Ärzten und Ärztinnen vor allem seelsorgerlich und psychotherapeutisch Tätige. Für letztere ist die Fähigkeit, sich in andere einfühlen zu können, nicht nur eine allgemein menschlich wichtige Gabe. Daß sie grundsätzlich mit dieser Gabe ausgestattet sind, ist eigentlich Voraussetzung für ihren Beruf. Darüberhinaus sollen sie aber in der Lage sein, so etwas wie Meister der Empathie zu sein. Weiter stellen sie ihre Empathie in den Dienst ihrer Arbeit. Ohne sie zu instrumentalisieren, denn dann würde sie an Wirkkraft verlieren, ist sie für sie doch eine Art Instrument ihrer Tätigkeit. Freilich ein Instrument aus Fleisch und Blut. Es ist ihre bloße Person und die ihr eigene, natürliche Fähigkeit der Empathie, die in den Dienst für die Begegnung mit dem oder der anderen gestellt wird.

Vieles von dem, was empathisch zu sein heißt und meint bzw. was Empathie bewirkt, läßt sich an der Bedeutung des hebräischen Wortes *jadah* aufzeigen, das im Deutschen mit Erkennen übersetzt wird. Dabei kommt zum Ausdruck, daß unter anderem Erfahrung, Intuition, echtes Interesse, Sorge für die anderen, mit den Ausschlag dafür geben, ob bzw. wieweit ich den Mitmenschen wirklich kennenlerne, er und seine äußere und vor allem innere Welt mir wirklich vertraut werden. So meint *jadah* in den verschiedensten Ableitungen: wahrnehmen, innewerden, durch Erleben erfahren, zu fühlen bekommen. Weiter meint es, sich um etwas, jemanden kümmern, jemanden persönlich kennenlernen, mit jemandem intim verkehren, mit jemandem vertraut sein, zur Erkenntnis gelangen. Bei den Propheten kann *jadah* meinen: mit Gott persönlich verkehren, sich um ihn in Liebe und Vertrauen bemühen. Erkennen, im Sinne von erfahren, daß Gott ist, wird im Hebräischen ebenfalls mit dem Wort *jadah* bezeichnet. Weiter trifft man auf das Wort *jadah*, wenn davon die Rede ist, daß Gott sich zu erkennen gibt, er sich kundtut, offenbart.

Eine andere Person zu erkennen meint ja tatsächlich einzubrechen in die innere Welt der anderen, sich mit dieser Welt vertraut zu machen, sich dort gleichsam zu Hause zu fühlen. Das aber vermag ich nur, wenn ich mich selbst nicht heraushalte, wenn ich den Posten des Beobachters verlasse, um einzutauchen in die Welt des anderen und dabei auch meine innere Welt nicht einfach herauslasse oder versiegele. Über sie erhalte ich ja wichtige Botschaften und Informationen über den anderen Menschen. Über sie nehme ich einen tieferen und engeren Kontakt mit ihm auf. Über sie *bin* ich ihm wirklich näher, vermag ich mein Da-Sein, für ihn Da-Sein und Mit-ihm-Sein zum Ausdruck zu bringen. Ich bin nicht mehr nur mit Worten mit dem anderen verbunden, ein Teil von mir ist gleichsam in ihm. Es hat so etwas wie eine Inkarnation stattgefunden.

b. Langsames, aber stetiges Eindringen in die Welt des anderen

Als Berater kann ich nicht einfach in andere einbrechen, mich dort ungefragt ausbreiten. Jede harte oder gar brutale Methode, sich auf die Welt eines anderen einzulassen, ist zum scheitern verurteilt. Ich versuche Einlaß bei ihm zu erhalten, und den Eingang bei ihm zu finden, indem ich mich zunächst einlasse auf seine Sprache, um über die Sprache mit dem Bereich, mit der Welt von ihm in Kontakt und Berührung zu kommen, die aus etwas anderem besteht als Sprache, zu der ich aber zunächst (nur) über die Sprache gelange. Es ist (zunächst) die Sprache, über die der andere Mensch sich mir bekannt macht. Ich höre auf die Sprache, auf das, was er sagt, bleibe aber nicht daran hängen. Im Zuhören bin ich vor allem offen für das, was er in all dem wirklich über sich und seine innere Welt sagt.

So taste ich mich mehr und mehr vor in seine innere Welt, mit offenen Ohren, äußerer und innerer Wachheit, mit offenem Herzen und offener Seele. Dieses ganz vorsichtige, sensible, millimeterweise Vorgehen ist kennzeichnend für meine Weise des „Eindringens" in den anderen und seine Welt. Nur so vermag ich die Vielfalt und Buntheit, die Nuancen und Besonderheiten dort wirklich zu entdecken und zu verstehen.

Es bedarf Zeit und eines Prozesses bis ich zunehmend in der Begegnung mit einer anderen Person tiefer eindringe, bis das, was sie sagt und dann auch das, was ich bei ihr spüre oder auch erahne, ein Bild von ihr und ihrer inneren Welt in mir entstehen läßt, ein solches Verstehen ihrer Situation und ihrer Welt in mir auslöst und möglich macht, daß ich sagen kann: „Jetzt glaube ich wirklich zu wissen und zu spüren, was Du meinst; jetzt bin ich wirklich so nahe an dem, was Dich berührt und an Dir, daß ich bei mir selbst spüre, was Dich bewegt."

Ich erfasse, ich verspüre in mir dann auf einer tieferen Ebene etwas von dem, was den anderen, seine Situation, seine innere Welt betrifft, in einer so deutlichen Weise, wie es Worte nicht zu fassen vermögen.

Es ist oft gerade das Waltenlassen der Intuition, sie einfach wirken lassen, ihr zur vollen Entfaltungskraft zu verhelfen, was mir den Weg hin zum anderen bahnt, in immer größere Tiefen zu ihm vordringen läßt. Was ich meine, findet sich treffend in folgender Aussage des verstorbenen Filmregisseurs John Huston wieder: „Maigret ist nicht der Tpy von Detektiv, der einzelne Hinweise zusammenträgt. Er sieht Dinge, die andere Detektive nicht sehen . . . Er geht in eine Situation – eine Wohnung, eine Stadt – und bekommt ein Gefühl dafür. Sofort beginnt seine Intuition zu arbeiten."

c. Betrachten und Innewerden als Ausdruck von Empathie

„Der Betrachter ist überhaupt nicht gespannt. Er nimmt die Haltung ein, die ihm den Gegenstand frei zu sehen gibt, und erwartet unbefangen, was sich ihm darbieten wird" (Buber 1984, 150f.). Es ist die betrachtende Haltung, mit der ich der ratsuchenden Person begegne, die mich zu ihr gelangen und bei ihr verweilen läßt. Sie erst bringt mich ihr wirklich näher. Sie zeigt mir, wer die andere wirklich ist, vermittelt mir jedenfalls weit mehr von ihr, als es ein noch so scharfsinniges Beobachten vermöchte. Es ist, als ob sie, beziehungsweise Teile von ihr bei mir einsickern, ich alle meine Sinne, meine Phantasie, Intuition, Ahnung aufbietend, sie mir erobere, in mir Gestalt annehmen lasse. In solchen Momenten können die Empfindungen, die Gefühle, die Ahnungen, die sich bei mir einstellen, *die* Empfindungen, Gefühle und Ahnungen sein, die die andere Person in sich spürt. Sie bahnen mir den Weg zu ihr, machen es mir möglich, mit ihrer inneren Welt vertraut zu werden, indem ich dieser Welt in mir Raum schaffe, sie sich in mir ausbreiten lasse. Die andere Person wird mir inne.

Bedeutung und Wirkung von Empathie in der Beratung zeigt Rollo May (1989, 62f.) in folgendem Beispiel einer Beratung mit einem Studenten auf:
„Er näherte sich mir eher etwas schüchtern, gab mir die Hand, die leicht feucht war und lächelte mir so zu, als wollte er sich entschuldigen. Obwohl er sehr groß war, erweckte er den Eindruck eines großen Kindes, und wenn er sprach, wurde er immer wieder rot und sah auf den Boden. Sehr bald sprach er mit einer leisen und zögerlichen Stimme von bestimmten Ereignissen in seiner Kindheit und anderen Aspekten seines Hintergrundes, die in einem Zusammenhang mit seiner augenblicklichen Verwirrung standen. Während er sprach, saß ich total entspannt da und ließ meine Augen auf seinem Gesicht ruhen. Ich erlaubte mir von seiner Erzählung absorbiert zu werden; und sehr

bald war ich total eingetaucht in seine Erzählung, so daß ich alles um mich herum vergaß und lediglich die angsterfüllten Augen, die zitternde Stimme und das faszinierende menschliche Drama, das er beschrieb, wahrnahm. Er erzählte, wie ihn sein Vater während der Jugendzeit, die er auf einem Bauernhof verbrachte, schlug, und wie er ohne elterliche Liebe und ohne elterliches Verstehen aufwuchs. Während dieses Momentes spürte ich den Schmerz, den die Schläge des Vaters auslösten, so seltsam das klingt, so, als würde ich die Schläge selbst erhalten. Dann berichtete er, wie er von dem Gymnasium weggelaufen war, wo er sich unter großen Schwierigkeiten allein über Wasser hielt. Während dieser Zeit trug er sehr an der Last, minderwertig zu sein. Und als er diese Gefühle der Minderwertigkeit beschrieb, wurde ich selbst depressiv, als würde ich mich selbst minderwertig fühlen. Schließlich erwähnte der junge Mann, daß er sehr früh den Wunsch gehabt hatte, auf die Universität zu gehen, ein Wunsch, der von seiten der Eltern mit dem Kommentar versehen wurde, daß er es niemals bis zum letzten Semester schaffen würde. Dennoch war es ihm unter Aufbietung aller Kräfte gelungen, obwohl er eigentlich keinen Pfennig besaß, zur Universität zu gehen. Seitdem – er war jetzt im zweiten Studienjahr – arbeitete er, während er zugleich versuchte, sein Studium zu meistern, für das er sehr schlecht vorbereitet war. Während er von seinen Erfahrungen auf der Universität sprach, ging er auf seine Schüchternheit und auf die Gefühle der Minderwertigkeit ein, die ihn nach wie vor unterdrückten und auf seine Einsamkeit, an der er trotz des Trubels, den ein Studentenleben mit sich bringt, litt.“

Betrachtend des anderen innewerden, das meint unter anderem Empathie, auch Empathie in der Beratung. Ich kann auf Van Goghs „Stilleben mit Zwiebeln einfach einen Blick werfen, dabei lediglich meine Fähigkeit, sehen zu können, einsetzend (vgl. Katz 1963, 89 f.). Ich kann das Bild untersuchen, feststellen, wie die Flasche, die Kerze, die Platte mit Zwiebeln arrangiert sind. Ich kann

verschiedene Farben feststellen und sie mit Farben vergleichen, die der Künstler in anderen Gemälden benutzt. Ich kann aber auch das Bild betrachten, es betrachtend auf mich wirken lassen, ihm begegnen. Dann steht es mir nicht mehr gegenüber, dann bin ich bei ihm, rieche ich die Früchte der grünen Zwieblen, höre ich, wie das Streichholz an der Streichholzschachtel entzündet wird.
Die Bilder von Van Gogh, ihre Aussage, ihre Wirkkraft kann ich verstehen, wenn ich ihrer innewerde. Den Menschen, der zu mir gekommen ist, für den ich da sein will, kann ich verstehen, wenn ich seiner innegeworden bin. Im durchbrochenen Turmhelm des Freiburger Münsterturmes vermag ich den „Himmel in Stein" zu sehen, die heimelige Atmosphäre im Innern des Münsters, dessen wohltuende Dämmerigkeit die Farbenpracht der Glasfenster erst richtig zum Ausdruck bringt, mag für mich zu einem spirituellen Erlebnis werden, wenn ich dessen innegeworden bin, es betrachtend tief in mich einwirken lasse.
In diesem Innewerden mögen die gesprochenen oder gesungenen Worte *terribilis est locus iste, hic domus dei est* zu einem tiefen spirituellen Erlebnis werden. Gott vermag ich zu erahnen, wenn ich nicht nur über ihn rede und theologisiere, sondern seiner innegeworden bin. Mein Wissen allein bleibt stumpf, wenn es darum geht, Gott zu erkennen. Mit Hilfe meines Wissens kann ich mir das eine oder andere von ihm vorstellen, zumindest kann ich es versuchen. Allein mein Wissen greift nicht, vermag nicht da anzukommen, wo ich wirklich sagen könnte, jetzt habe ich diesen Graben, der mich davon trennt, Gott zu begreifen und zu verstehen, überwunden. Auch mein Einfühlen, meine Offenheit und mein Bemühen zugleich, Gottes innezuwerden, ist begrenzt. Doch damit komme ich „näher" an Ihn heran, an das, was Ihn wirklich ausmacht, was er wirklich *ist.* Levy-Bruhl (zit. in: May 1989, 60f.) sagt: „Mit welchem Inhalt wir auch immer Gott füllen mögen, wir werden ihn niemals verstehen durch bloße rationale, logische Methoden; der einzelne muß teilhaben an Gott. Das ist das, was man

üblicherweise ‚Glaube' nennt." Das aber ist ein „direkter und intimer Kontakt mit der Substanz des Seins, und zwar durch Intuition, gegenseitiges Durchdringen, gegenseitiges Kennenlernen von Subjekt und Objekt, volle Partizipation und Immanenz, kurz das, was Plotinius als Ekstase beschreibt".

2. In mir für die andere Person Platz schaffen

> Ein schon zu wissen wähnendes und darin vorschnelles Hören müßte den zarten Kreis der Sympathie zerbrechen und den je frischen Klang des Ewigen ersticken.
>
> *Bernhard Welte*

a. Die vorgefaßten Ideen auf die Seite legen

Um in der Lage zu sein, tief in die innere Welt eines Mitmenschen gelangen zu können, intensiv mit ihr vertraut zu werden, mich deutlich und spürbar von ihr anrühren zu lassen, muß zuvor etwas Grundsätzliches bei mir selbst passiert sein. Es genügt nicht, mich auf den anderen zu konzentrieren. Es genügt nicht, ihn verstehen zu wollen. Es genügen auch nicht allein mein Interesse und meine Sorge für ihn. Um mich wirklich in seine Welt einlassen und einfühlen zu können, muß ich entsprechend vorbereitet, dafür empfänglich sein. In mir selbst muß gleichsam ein Raum sein, in dem sich die innere Welt des anderen ausbreiten kann. Damit ich mich auf ihn einlassen kann, muß ich ihm auch bei mir Einlaß gewähren.

Edmund Husserl hat den Begriff *Epoché* geprägt. Er will damit unter anderem sagen: Soll ein Gegenstand die Möglichkeit haben, sich selbst zu enthüllen, in seiner ganzen Reinheit wahrgenommen zu werden, ist es wichtig, daß ich alle vorgefaßten Ideen über diesen Gegenstand für den Moment auf die Seite lege. Hans-Georg Gadamer verdeutlicht, was das heißt, wenn er beschreibt, auf welche Grenzen jemand stößt, der versucht, einen Text wirklich zu verstehen. Er mag noch so sehr darauf vorbereitet sein, daß ihm der Text irgendetwas Neues sagt, das wird ihn nicht hindern, daß er den Text sehr bald aus der eigenen Verstehenswelt, vom eigenen Vorverständnis her und entsprechend den eigenen Vorurteilen sieht und deutet. Will er dem Text echt eine Chance geben, Neues zu sagen und seine je eigene Wahrheit geltend machen zu können, muß er sich seiner vorgefaßten Meinung und Einstellung bewußt sein und diese entsprechend zurückhalten.

Solange ich den Text nur durch meine Brille lese, wird er mir lediglich das bestätigen, was ich an vorgefaßten Meinungen über ihn habe. Lege ich meine vorgefaßten Meinungen auf die Seite, lasse ich den Text für sich sprechen, wird er mir mehr als mir bisher bekannt war, von sich enthüllen. Voraussetzung ist allerdings, daß ich mich auf den Text aktiv einlasse, daß ich bereit und in der Lage bin, ihn wirklich aus sich heraus zu verstehen. Jetzt kann sich der Text mir eröffnen. Er kann aus sich sprechen und er trifft jemanden an, der sich für ihn geöffnet hat. Damit hat er überhaupt erst eine Chance, auch bei mir anzukommen.

Übertragen auf die Begegnung mit Menschen in der Beratung heißt das: Will ich eine andere Person verstehen, will ich ihr – damit auch mir – eine Chance geben, sie in der Verfassung kennenzulernen, in der sie sich befindet, sie als die zu verstehen, die sie ist, muß ich *meine* vorgefaßten Meinungen über sie im allgemeinen und im besonderen kennen, um sie dann, soweit ich das vermag, zurückzunehmen und auszuschalten. Im anderen Fall sehe ich die anderen lediglich durch den Filter meiner vorgefaßten Meinungen. Ich nehme mir damit die Chance, sie zu sehen, wie sie wirklich sind. Ich bin dann aber auch nicht mehr dafür geeignet, für den anderen Menschen das Gegenüber zu sein, das ihm den Weg

eröffnet, sich selbst besser kennenzulernen, mit Seiten von sich vertraut zu werden, mit denen er bisher nicht in Berührung war, oder die er nur verschwommen als Teil von sich wahrgenommen hat.
Bleibe ich in der Begegnung mit dem ratsuchenden Menschen bei meiner vorgefaßten Meinung, beeinträchtige ich die Selbst-Erfahrung, die Selbst-Exploration des anderen. Ich behindere sein Bemühen, sich selbst besser kennenzulernen. Ich lege ihn fest, stutze ihn zurecht, passe ihn meinen vorgefaßten Ideen und Vorstellungen an. Ich handle wie Prokrustes in der griechischen Sagenwelt, der seine Gäste den vorhandenen Betten anpaßte. Waren seine Gäste zu klein für seine Betten, dann streckte er ihre Glieder entsprechend lang, waren sie aber zu lang für seine Betten, hackte er die überstehenden Gliedmaßen ab.
Spätestens hier wird deutlich, welch eine große Anstrengung damit verbunden ist, empathisch zu sein. Es ist nicht nur die Konzentration auf die andere Person, das ständige Ausgerichtet-Sein auf sie, das sich in sie Vertiefen, das ihrer Inne-Werden, es ist zugleich der immer neu zu vollziehende Vorgang, sich frei zu machen von allem, was den klaren Blick für die andere und die unvoreingenommene Einstellung ihr gegenüber beeinträchtigen könnte.
Für Carl Rogers (1980b, 88) kommt in einer nichtbeurteilenden Haltung gegenüber dem Klienten Empathie mit am stärksten zum Ausdruck. „Wir können nämlich unmöglich die innere Welt des anderen genau wahrnehmen, wenn wir uns eine wertende Meinung von ihm gebildet haben. Wenn Sie dies bezweifeln, suchen Sie sich jemanden, mit dem Sie in entscheidenden Fragen nicht übereinstimmen und der Ihrer Meinung nach falsch liegt. Versuchen Sie nun seine Ansichten, Annahmen und Gefühle so genau zu formulieren, daß er sie als eine einigermaßen zutreffende Beschreibung seines Standpunktes akzeptieren kann. Sie werden, das prophezeie ich Ihnen, in neun von zehn Fällen scheitern, weil Ihr Urteil über seine Auffassungen in die Beschreibung, die Sie davon geben, einfließen wird."

Ich werde bei meinem Bemühen, dem anderen empathisch zu begegnen, immer wieder eingeholt werden von der eigenen augenblicklichen Befindlichkeit, die mich beeinträchtigt, die Aufmerksamkeit auf mich und das, was mich momentan beschäftigt, lenkt. Ich werde vor allem aber immer an meine Grenzen stoßen, eigene Vorstellungen, Ideen, vorgefaßte Meinungen und Urteile so radikal auf die Seite zu stellen, daß sie mir nicht dazwischenkommen. Dann gilt es immer wieder neu die Anstrengung aufzubringen, die Störfaktoren zu beseitigen, oder zumindest einzuschränken.

b. Empathisch zu sein heißt auch bereit zu sein, sich zu verändern

Das vorbehaltlose Sich-Einlassen auf einen anderen Menschen, das Eintreten in seine Welt, trägt nicht nur zu *dessen* besserem Verstehen und Einfühlen in seine Situation und Welt bei, es hat auch Auswirkungen, bleibt nicht ohne Einfluß auf mich. Ich bin demgegenüber, was vom anderen auf mich zukommt, nicht abgestumpft. Wäre ich es, ginge das auf Kosten meiner Empathie. Ohne dem, was von anderen auf mich einwirkt, zu verfallen, lasse ich es zu, halte ich es aus, lasse ich mich gegebenenfalls davon provozieren und infragestellen. Das erfordert Mut. „Es gehört Mut dazu", sagt Bernhard Welte (1960, 21), „herauszugehen aus dem Gehäuse, das sich die meisten Menschen zurechtgemacht haben aus ihren eigenen Vorstellungen. Es gehört der Mut dazu, gleichsam vor das Haus der eigenen Vorstellungen zu treten und dem freien Winde des Wortes, das von dem Du kommt, sich anzuvertrauen. Es gehört Mut dazu, sich zu exponieren, sich den Schwierigkeiten und Abenteuern auszusetzen, die einem, dem Hörenden, daraus vielleicht zuwachsen können."

In der therapeutischen Begegnung mit einem schizophrenen Menschen mag ich mich auf eine Welt einlassen, die mir fremd ist, die ich als bedrohlich erlebe und die in mir Angst auslöst, darin unter-

zugehen. Bei der geistlichen Begleitung erfordert es Mut, in die dunkle Nacht des anderen einzutreten, es dort auszuhalten, ohne zu befürchten, von dieser dunklen Nacht selbst umfangen zu werden. Im alltäglichen Leben erfordert es Mut, vorbehaltlos die Überzeugung einer anderen Person, die der eigenen total widersprechen mag, einfach einmal anzuhören, sie auf mich wirken zu lassen. Es erfordert Mut, in einer solchen Situation offen zu sein, daß in all dem auch etwas zum Ausdruck kommt, das mich anspricht, bei mir etwas verändert, ohne jetzt besorgt zu sein, die eigenen Überzeugungen und Standpunkte könnten wegrutschen, das Andere, Neue mich so sehr beeinflussen, daß ich mich ihm jetzt ganz übergebe, von ihm gleichsam überrollt werde.
Ich bin gegenüber dem, was vom anderen kommt, nicht abgestumpft, weil es mit dem anderen zu tun hat *und* weil es möglicherweise auch mit mir zu tun hat, so sehr letzteres meine Angst, mich darauf einzulassen, verstärken kann. Wahr sind Sympathie oder Mitleid nur dann, so zitiert Ludwig Binswanger (1957, 15f.) Søren Kierkegaard, wenn man sich „recht innerlich zugestanden hat" und mit größerer Sicherheit als ein Kind sein ABC kennt, weiß, „daß alle teffen kann, was *einen* getroffen hat", mit anderen Worten, wenn der Mitleidige in seinem Mitleid sich so zu dem Leidenden verhält, „daß er im strengsten Sinne glaubt, es sei *seine* Sache, um die es sich handelt". Søren Kierkegaard fährt fort: „Der Arzt in einer Irrenanstalt, der dumm genug ist zu glauben, er sei für alle Ewigkeit klug und seine Portion von Verstand sei dagegen versichert, je im Leben Schaden zu nehmen, ist in gewissem Sinne wohl klüger als die Wahnsinnigen, ist aber zugleich dümmer als sie und wird auch nicht viele heilen."
Wenn ich bereit bin, in der Begegnung mit dem Mitmenschen meine vorgefaßten Meinungen auf die Seite zu legen, dann geht damit einher, ob ich das als eine Gefahr oder als eine Chance betrachte, daß ich selbst verändert werde, daß ich Neues an mir entdecke, ich mich, in dem, was mir inne ist und was mich ausmacht, noch ein-

mal anders und da wahrhaftiger zum Ausdruck zu bringen vermag. Das ist für den einen die Chance, für den anderen das Risiko, die sich aus einer so radikal verstandenen empathischen Haltung ergibt. Meine vorgefaßten Meinungen liegen dann aber auch nicht mehr so schwer auf mir, daß sie alleine mich bestimmen. Anderes, bisher weniger Beachtetes und Zugelassenes in mir kann jetzt mehr Raum einnehmen, sich bemerkbar machen, sich Durchbruch verschaffen und ausbreiten.

Wer in Berührung ist mit seinem Selbst, wer seines Selbst sicher ist, der wird auch eher bereit sein und in der Lage sein, sich auf andere und anderes einzulassen. Er wird das nicht unterlassen, aus Angst vor dem, was vom Gegenüber für ihn Ungewohntes, Erschreckendes auf ihn zukommen mag. Er wird auch nicht vermeiden, sich wirklich auf den anderen einzulassen aus Angst, dadurch verändert zu werden. Vielmehr wird er auch deshalb sich auf den anderen und anders einlassen, weil er dadurch verändert wird.

c. *Die Kraft radikaler Empathie*

Begegne ich dem anderen Menschen radikal empathisch, kommt es zu einer Verquickung und Vermischung, jetzt nicht nur unserer Identitäten, sondern auch unserer inneren Welt, die uns beide verändert, die etwas wahrhaft Neues entstehen läßt, „das das, was der jeweilige Teilnehmer in die Begegnung mitgebracht hat, transzendiert" (Gerking 1984, 47).

In der folgenden Schilderung von Erfahrungen, die Carl Rogers (1985, 149f.) mit einer Gruppe von fünf Protestanten und vier Katholiken aus Nordirland machte, wird deutlich, welch eine grundlegende Veränderung vor sich gehen kann, wenn Menschen bereit und in der Lage sind „sich in die wahrgenommene Realität des anderen einzuleben... sich in die private Welt des anderen hineinzuversetzen und sie so wahrzunehmen, als wäre es die eigene".

„Bei unseren Zusammenkünften", so Carl Rogers, „war der Haß, der Argwohn und das Mißtrauen der zwei verfeindeten Gruppen stark spürbar... Die Gruppenteilnehmer sprachen nicht nur für sich selbst, aus ihnen brachen die Ressentiments und Vorurteile von Generationen vor ihnen heraus. Die Gruppeninteraktion dauerte insgesamt nur 16 Stunden, dennoch wurde während dieser unglaublich kurzen Zeit der jahrhundertealte Haß nicht nur gemildert, sondern in einigen Fällen von Grund auf verwandelt. Es ist ein Beweis, daß personenbezogene Einstellungen eine Atmosphäre schaffen können, in der der offene Austausch gedeiht. In einem Klima dieser Art führt Selbstentblössung zur Kommunikation. Bessere Kommunikation bewirkt sehr oft Verständnis, und Verständnis spült viele der uralten Barrieren hinweg. Der Fortschritt war so rapide, die Veränderug so signifikant, daß einige Äußerungen... aus dem Film herausgeschnitten werden mußten. Soviel Verständnis für den Gegner zu zeigen, hätte das Leben der Sprecher gefährdet..."

d. Gefangen in ihren vorgefaßten Meinungen verhindern sie das Neue

Keine Veränderung findet statt, wenn Menschen an ihren vorgefaßten Meinungen festhalten, sich selbst und den anderen keine Chance geben, sich wirklich kennenzulernen bzw. sich als die, die sie sind, erkennen zu lassen. Sehr deutlich zeigt das der Bericht von Jesu Aufenthalt in seiner Heimatstadt.

Von dort brach Jesus auf und kam in seine Heimatstadt; seine Jünger begleiteten ihn. Am Sabbat lehrte er in der Synagoge. Und die vielen Menschen, die ihm zuhörten, staunten und sagten: Woher hat er das alles? Was ist das für eine Weisheit, die ihm gegeben ist! Und was sind das für Wunder, die durch ihn geschehen! Ist das nicht der Zimmermann, der Sohn der Maria und der Bruder von Jakobus, Joses, Judas und Simon? Leben nicht seine Schwestern hier unter uns? Und sie nahmen Anstoß an ihm und lehnten ihn ab. Da sagte Jesus zu ihnen: Nirgends hat ein Prophet so wenig Ansehen wie in seiner Heimat, bei seinen Verwandten und in seiner Familie. Und er konnte dort kein Wunder tun; (Mk 6,1-5).

Was passiert hier? Es heißt: die Menge *hörte zu.* Hörte zu? Heißt das zuhören, einem anderen zuhören? Was kommt überhaupt an von dem, was Jesus sagt? Der Bericht läßt den Schluß zu, daß nichts ankommt, daß sich nichts tut. Was Jesus sagt, prallt ab an der Verwunderung, dem Erstaunen der Menge. Es prallt ab angesichts der Sensationslust und schließlich an der Ignoranz und Borniertheit der Menge. Das Vorurteil, die ein für allemal festgelegte Meinung über ihn („Ist er nicht der Zimmermann, Marias Sohn...?) ist unüberwindbar, hartnäckig, undurchlässig. Da geht nichts durch! Den Menschen in Nazaret bleibt die echte Begegnung mit Jesus verschlossen. Sie schließen sich selbst davon aus. Sie nehmen sich damit die Chance, daß das Neue, sie Freimachende und Verändernde, das mit Jesus hier und jetzt gekommen ist, sie, ihr Herz erfaßt, sie von Grund auf befreit und verändert. Gefangen in ihren vorgefaßten Meinungen und Vorurteilen verhindern sie aber nicht nur das wirklich Neue, die Veränderung ihres Lebens, sie behindern zugleich auch die Möglichkeiten Jesu, sich ganz zu erkennen zu geben, sich als der zu offenbaren, der er ist.

e. Glaubend das Ewige im menschlichen Wort achten

Solange ich nicht bereit bin, „alle eigenen Denk- und Redegewohnheiten beiseite" zu stellen, „um zu hören, was *du sagst,* nicht was *ich* meine, das du sagen solltest" (Welte 1960, 25), nehme ich mir die Möglichkeit, im menschlichen Wort das ewige Wort zu vernehmen.

Dieses ewig wesentliche Wort will „in jedem Du, mit dem ich rede oder vielleicht kämpfe, und in jedem Augenblick sich neu gebären und in ein neues Glänzen und Klingen kommen. Im ganz rechten Hören muß es deswegen darum gehen, zuerst überhaupt zu glauben, daß ein ewiges Wort aus jedem Wort des Partners heraus ans Licht drängt. Es geht darum, glaubend diesem Ewigen im menschlichen Wort entgegen zu achten. In einem glaubenden Hören und nicht in einem im voraus festlegenden und bestimmenden Denken. Es kann nur im je neuen Glauben und Hören vernommen werden im Umkreis menschlicher Sympathie. Ein schon zu wissen wähnendes und darin vorschnelles Hören müßte den zarten Kreis der Sympathie zerbrechen und den je frischen Klang des Ewigen ersticken... Hörend auf das partnerische mitmenschliche Wort sind wir im Grund unseres Wesens und sollen wir auch in der Entfaltung unseres Lebens sein: hörend auf das ewige und übermenschliche Wort, das im menschlichen je und je neu sich inkarniert. Leben wir in solchem Hören, dann sind wir, hörend auf das mitmenschliche Wort, im Gespräch mit dem verborgenen, immer uns winkenden Gott. Dann weht sein Wink im vernehmlichen menschlichen Wort uns zu."

II. EMPATHIE UND BEDINGUNGSLOSE ANNAHME

Fühlung entsteht nur durch *vorurteilslose Objektivität*... es ist etwas Menschliches, etwas wie eine Hochachtung vor der Tatsache, vor dem Menschen, der an dieser Tatsache leidet, vor dem Rätsel eines solches Menschenlebens. Der wahrhaft religiöse Mensch *hat* diese Einstellung.

C. G. Jung

1. Bedingungslose Annahme

Will der Arzt die Seele eines Anderen führen, oder sie auch nur begleiten, so muß er mit ihr Fühlung haben. Diese Fühlung kommt nie zustande, wenn der Arzt verurteilt. Ob er das nur mit so viel Worten laut tut, oder unausgesprochen im Stillen, ändert nichts an der Wirkung.

C. G. Jung

a. Empathie durch bedingungslose Annahme

Eine Haltung der uneingeschränkten, voraussetzungslosen Annahme, der Achtung, der Wertschätzung und Sorge gegenüber der andern Person und ein Verhalten, daß die andere Person wissen läßt, wo ich emotional wirklich bin, Kongruenz oder Echtheit genannt, sind neben der Empathie weitere Elemente, die nach Carl Rogers in der helfenden Begegnung zum Wachstum des oder der Ratsuchenden beitragen. Diese Einstellungen und Verhaltensweisen sind im Grunde genommen bereits im empathischen Verstehen wirksam. Sie tragen dazu bei, daß der Prozeß des empathischen Verstehens überhaupt erst voll ins Rollen kommt und die damit erzielte Veränderung bewirkt.

Wie sehr empathisches Verstehen und Annahme, Achtung und Sorge miteinander verbunden sind, wird auch wieder an dem hebräischen Wort *jadah* deutlich, das u. a. meint: Jemanden persönlich kennenlernen; durch Erleben erfahren; sich um jemanden kümmern; sich um jemanden in Liebe und Vertrauen bemühen. Für Carl Rogers (1980a, 152) ergibt sich aus dem empathischen Verstehen, daß der Adressat dieses Verstehens geschätzt und akzeptiert wird als die Person, die er ist und ihm die Sorge des anderen gilt. „Es mag den Eindruck erwecken", meint Carl Rogers, „daß wir hier ein anderes Gebiet betreten haben und nicht länger von Empathie sprechen. Doch das trifft nicht zu. Es ist unmöglich, die Wahrnehmungswelt der anderen Person genau zu erfassen, wenn man diese Person und ihre Welt nicht schätzt, wenn man nicht, in einem gewissen Ausmaß, sich um sie kümmert."

b. Du bedeutest mir wirklich etwas

In der empathischen Begegnung ist meine innere Haltung gegenüber dem anderen Menschen geprägt von der Einstellung: Du bedeutest mir wirklich etwas; ich schätze dich; ich nehme dich an; ich bin jetzt für dich da; ich kümmere mich um dich.

Wenn ich diese in Worte gefaßten inneren Einstellungen auf mich wirken lasse, dann spüre ich, daß darin auch etwas zum Ausdruck kommt und ausgesprochen wird, was mancher mit „regressiv" bezeichnen würde. In einem gewissen Maße trifft das auch zu. *Ich* tue etwas für einen Gesprächspartner. *Er* darf sich gehen lassen. Er darf zulassen, daß ich etwas für ihn tue. Ich will weiter, daß der andere bei sich selbst zuläßt, so zu sein wie er ist, wie er sich im Augenblick erlebt, einfach einmal bei dem zu bleiben, was da ist. Hier in unserer Begegnung darf er das. Hier darf er sich entspannen, darf er sich erholen von den inneren und äußeren Stimmen, die sagen „du mußt", „du sollst" und „du darfst nicht", die ihn treiben und in Spannung versetzen.

In einer gewissen Weise lasse ich der anderen Person gegenüber Einstellungen und Gefühle zu, wie sie Eltern gegenüber ihren Kindern pflegen. Ich schenke der anderen meine menschliche Nähe und Wärme, manchmal wie eine Mutter, die, so Erich Fromm (1978, 61) „für das Kind Wärme" ist. Die wohlwollende Wärme, die nährende und hegende Atmospähre, die damit einhergeht, öffnet. Sie vermittelt ein Gefühl der Sicherheit und Geborgenheit, das es leichter macht, sich selbst und anderen gegenüber zu den eigenen Bedürfnissen und Wünschen, Sehnsüchten, zu stehen. Es ist wie ein Auftauen von etwas, das fest- oder eingefroren ist. Wir sagen ja auch, jemand taut auf und meinen damit, daß er oder sie aus sich herauszugehen vermag. Das will die Nähe und Wärme, die ich schenke, fördern. In der speziellen Situation der helfenden Begegnung mag ich mehr als sonst üblich und angemessen von dieser Nähe und Wärme verschenken, einfach auch deshalb, weil der oder die Ratsuchende für die Zeit unseres Zusammenseins das braucht, um auftauen zu können. Ich werde dann diese Wärme wie selbstverständlich geben, weil ich spüre, daß er oder sie sie braucht. Wäre die Wärme und Nähe, die ich gebe, nicht von mir „abgedeckt", also wäre sie nicht echt, sondern gekünstelt, im negativen Sinne professionell, würde ich in den Augen des oder der anderen zu einer Wärmemaschine, die eher abstoßend als einladend wirkt.

c. Ich werde geliebt, weil ich bin

Es ist aber nicht nur meine Wärme und menschliche Nähe, die ich der anderen Person schenke. Ihr gilt meine Sorge im Sinne von: Ich bin besorgt um dich; dein weiterer Weg, dein Wohlergehen ist mir ein Anliegen, ist für mich von Bedeutung; ich mache mir Sorgen um dich, wie Eltern, die sich um ihre Kinder Sorgen machen. Es ist zugleich auch eine Sorge, die sich im konkreten Tun zeigt, indem ich mich um die andere Person kümmere, sie hege und pflege. Ich begegne ihr in dieser Haltung, die sie wissen und spüren läßt: Jemand ist für dich da. Jemand, der eine bestimmte Strecke mit dir geht und dabei mehr für dich da ist, als du für ihn da bist. Jemand, in dessen Arme du dich auch einmal fallenlassen kannst. Für eine Weile darfst du damit rechnen, daß sich jemand mehr als das üblicherweise in deinem Erwachsenenleben der Fall ist (und vielleicht auch gut ist), um dich kümmert und sorgt.
Die Annahme, Achtung und Wertschätzung, die ich dem andern gegenüber habe und zulasse, ist bedingungslos. Sie ist bedingungslos wie die Liebe und Annahme, die eine Mutter gegenüber ihrem Kind empfindet. Erich Fromm (1978, 62) schreibt: „Ich werde geliebt, weil ich bin. Dieses Erlebnis, von der Mutter geliebt zu werden, ist ein passives Erlebnis. Ich brauche gar nichts zu tun, um geliebt zu werden, denn Mutterliebe ist bedingungslos. Ich brauche nur zu sein... Mutterliebe ist Seligkeit, ist Friede; sie braucht nicht erworben, braucht nicht verdient zu werden."

Es ist schon etwas einmaliges und einzigartiges, einem Menschen gegenüber zu sitzen, der ganz offen ist für mich. Da sitzt ein Mensch mir gegenüber, der Ruhe ausstrahlt, der in der entspannten Art seiner Anwesenheit mir überzeugend vermittelt: Ich bin jetzt ganz für Dich da; ich bin für alles offen, was Du mir zeigen, vor mich legen willst. Diese Offenheit öffnet mich. Der andere weitet sich, ist wie ein unendlicher Raum, in den ich eintreten kann, in dem ich mich aufhalten kann und darf, in dem ich mich ausbreiten kann, dabei mich selber ausdehnend. Ich mache eine Erfahrung, wie ich sie in meiner Beziehung zu Gott erlebe. Hier erlebe ich die gleiche Offenheit. Vor ihn darf ich auch alles hintragen. Er führt mich hinaus ins Weite, er öffnet sich mir, bietet mir eine Weite und Tiefe an, in die ich mit Zuversicht, auch, wenn immer wieder Angst mich umfängt, gehen kann, und dabei bei mir mehr Weite und Tiefe zulasse und entwickle.

d. Annahme und Bestärkung

Die Annahme des anderen Menschen, so wie er ist, ist für Martin Buber (1965, 181 ff.) Voraussetzung jeder existentiellen Beziehung zwischen zwei Personen. Martin Buber geht einen Schritt weiter, wenn er über die Annahme des augenblicklichen Seins und Zustandes eines anderen hinaus auch das, was im Moment noch nicht da ist, grundsätzlich aber möglich ist, miteinbezieht. Dafür benutzt er den Begriff *Bestärkung*. Ich nehme ihn an, wie er ist, und zugleich sehe ich in ihm und bestärke ich in ihm die Person, die zu werden er *geschaffen* worden ist. Auch Carl Rogers (in: Buber 1965, 182) will sein Verständnis von Annahme – er bleibt dabei bei dem Begriff Annahme – so weit fassen. Annahme heißt für ihn, die Person *und* ihre Möglichkeiten zu akzeptieren. Wenn ich in diesem Sinn voll akzeptiert werde, dann kann eine Veränderung stattfinden, dann können meine eigentlich vorhandenen Möglichkeiten sich entfalten.

e. Die Kraft, empfangend das Wort zu entbinden

Die bedingungslose Annahme des anderen eröffnet mir den Weg hin zum anderen Menschen, macht die Fühlung mit ihm erst möglich. Sie öffnet mir den Weg hin zu seiner inneren Welt, zu seinen tiefsten Schichten, zu seinem Herz und zu seiner Seele. Wenn ich dem anderen in dieser akzeptierenden und liebevollen Haltung begegne, in dieser Einstellung versuche, mich in ihn einzufühlen, dann begegne ich seinem Selbst aus einer großen Tiefe, mit meinem Wesen. Was ich höre, höre ich dann nicht nur mit den Ohren, sondern meine Ohren sind dann, wie es Martin Buber sagt, direkt mit meinem Herzen verbunden. Ich gelange in seine Tiefe, weil mein Ausgerichtet-Sein an ihn, mein Ihm-Zuhören selbst aus der Tiefe kommt. „Zum rechten Hören", sagt Bernhard Welte (1960, 22) „gehört die Bereitschaft und die Fähigkeit, mit dem Wesen zuzuhören, nicht bloß mit der Oberfläche oder mit einer Nebenabteilung des Herzens. Wir sollten mit dem Wesen zuhören können, so wie die Mutter ihrem Kind zuhört, so wie Liebende aufeinander hören, so wie die großen Hörenden der Musik gelauscht haben". *Das* Hören entbindet das Wort im anderen wie eine Hebamme das Kind, das sympathisch gestimmt ist, „in dem Sympathie lebt und lebendig ist, zum Vernehmlichen hin, Sympathie in der Form des Glaubens, des Vertrauens, der Geduld, der Bereitschaft, der Liebe" (23). Im Gegensatz zu einem kalten Hören, „das nur unbeteiligt registriert, was gesagt ist, und bei dem gar nichts von Betroffenheit, von Sympathie oder sonst einer geistigen Lebensregung im Hören mitschwingt" (19), trägt das von Sympathie, Empathie und Akzeptanz geprägte Hören zum guten Wachsen bei.

Ich hänge dann gleichsam an den Lippen der anderen Person, so wichtig, so bedeutsam ist mir das, was sie mir zu sagen hat. Die andere, die das merkt und spürt, vermag zunehmend aus sich herauszugehen, ist bereit, auch das, was sie bisher zurückgehalten hat, preiszugeben, ist sie sich doch sicher, daß es gut bei mir aufgehoben ist. Es prallt nicht einfach an mir ab, fällt nicht einfach herunter, bleibt nicht unbeachtet. Ich nehme es in mir auf. „Das Hören hat dann" so Bernhard Welte (15), „die Kraft, empfangend das Wort zu entbinden und zu lösen... Es trägt das Wort auch und birgt es wie in einem mütterlichen Grunde... In solchem kann, was sich auf die Zunge drängte, geborgen und bewahrt und wie erlöst sein, einfach dadurch, daß es nun umfangen ist von der stillen, lebendigen Macht des Hörens."

Begegne ich der ratsuchenden Person in einer akzeptierenden Weise, dann wird sie zunehmend bereit sein, sich mir gegenüber zu öffnen, aus sich herauszugehen. Es entsteht eine offene Atmosphäre, vergleichbar der während unseres Schlafens, die das Auftauchen unserer Träume aus dem Unbewußten möglich macht. Jetzt darf auch das ans Licht gelangen, was vorher nicht zugelassen wurde. Genau das aber soll in der beraterischen Begegnung auch ans Licht kommen, vorgezeigt und angeschaut werden können. Denn, „man kann nichts ändern, was man nicht annimmt", sagt Carl Gustav Jung (1971, 355) und wiederholt damit, was bereits Irenäus von Lyon viele Jahrhunderte vor ihm erkannt hatte.

2. Bedingungslose Annahme und Selbst-Annahme

> Will der Arzt einem Menschen helfen, so muß er ihn in seinem So-sein annehmen können. Er kann dies aber nur dann wirklich tun, wenn er zuvor sich selber in seinem So-sein angenommen hat.
>
> *Carl Gustav Jung*

a. Um sich wissen kann man nur, wenn man sich annimmt

Um mich in dem, was mich letztlich ausmacht – so weit mir das möglich ist – erkennen zu können, muß ich mich annehmen. „Wirklich um sich wissen kann man nur", so Romano Guardini (1987, 32), „wenn man sich wirklich annimmt, und wirklich sich annehmen kann man nur, wenn man rein um sich weiß. Das eine setzt das andere voraus."

Wie ich einen anderen auch nur dann wirklich zu lieben vermag, wenn ich innerlich in eine Beziehung zu ihm getreten bin, so vermag ich mich nur dann wirklich zu lieben, wenn ich mit meiner Tiefe in Berührung und in Kontakt gekommen bin. Diese Tiefe, dieser Grund in mir ist so etwas wie ein Fundament, das meine Liebe zu den anderen und zu Gott, und dann auch zu mir selbst ermöglicht und entscheidend mitbestimmt.

Nicht umsonst empfehlen manche, den Begriff Selbst-Liebe zu vermeiden und stattdessen lieber von Selbst-Wertschätzung oder Selbst-Annahme zu sprechen, da das Wort Selbst-Liebe eine zu starke Nähe zu dem haben könnte, was man unter Egoismus oder Narzißmus versteht (vgl. Max 1981, 186f.). Den Unterschied zwischen Egoismus und dem Ja zu sich selbst stellt sehr klar Joseph Ratzinger (1982, 82) heraus, wenn er sagt: „Der Egoismus ist zwar dem Menschen natürlich und ganz von selber da, aber keineswegs die Annahme seiner selbst. Den ersten muß man überwinden, das zweite muß man finden, und es gehört gewiß zu den gefährlichsten Fehlern christlicher Pädagogen und Moralisten, daß sie nicht selten beides verwechselt und dabei das Ja zu sich selbst ausgetrieben, den Egoismus als die Rache des verleugneten Selbst aber nur umso gründlicher bestärkt haben – hier liegt nicht zuletzt die Wurzel dessen, was die Franzosen „maladie catholique" nannten: Wer nur übernatürlich, nur selbstlos sein will, ist zwar am Schluß ich-los, aber alles andere als selbst-los…."

In einem Brief an Papst Eugenius stellt Bernhard von Clairvaux (1990, 41f.) die Bedeutung der Selbst-Annahme heraus, wenn er sagt: „Damit deine Menschenfreundlichkeit uneingeschränkt jeden einschließen kann, muß der Schoß, der alle in sich aufnimmt, auch dich darin einsammeln. Denn was würde es dir sonst nützen, wenn du – nach dem Wort des Herrn (Mt 16,26) – alle gewinnen aber als einzigen dich selbst verlieren würdest?… Bist du dir selbst etwa ein Fremder? Wem wärest du dann nicht fremd, wenn du dir selber fremd bist? Ja, wer mit sich selbst leichtfertig ist, wem kann der gut sein? Denke also daran: Gönne dich dir selbst, ich sage nicht: tu das immer, ich sage nicht: tu das oft, tu es aber hin und wieder einmal. Freue auch du dich an dir selbst, wenigstens nach allen anderen."

Mich selbst lieben können meint dann, mich annehmen, mich schätzen, wertschätzen, ein positives Verhältnis zu mir zu haben, echtes Interesse, Liebe für mich, mein Da-Sein, mein Gewesen-Sein, mein Sein-Werden zu empfinden. Es heißt heiligen Respekt zu haben vor mir, meinem Äußeren und Inneren. Mich lieben heißt, mich, den leiblichen Menschen zusammen mit meinem Wesen, dem, was mir wesentlich ist, dem, was mich im Höchsten und Tiefsten ausmacht, zu bejahen, voll Hochachtung, wohlwollend und zuneigend zu begegnen. Mich lieben heißt, mich dankbar annehmen als Geschenk Gottes.

Wie ich nur dann beim anderen Menschen ankommen und verweilen kann, wenn ich bei mir selbst angekommen bin, so vermag ich den andern nur dann zu lieben, wenn ich bei mir selbst angekommen mich im Tiefsten liebe, mich dankbar anzunehmen und zu achten vermag.

b. Das Allerschwierigste: Sich in seinem erbärmlichen So-Sein annehmen

Sich annehmen kann mit zu dem Schwierigsten gehören, was einem Menschen aufgetragen ist. Sehr eindrucksvoll beschreibt das Carl Gustav Jung (1971, 367f):

„Will ein Arzt einem Menschen helfen, so muß er ihn in seinem So-Sein annehmen können. Er kann dies aber nur dann wirklich tun, wenn er zuvor sich selber in seinem So-Sein angenommen hat. Das

klingt vielleicht sehr einfach. Das Einfache aber ist immer das Schwierigste. In Wirklichkeit ist nämlich Einfachsein höchste Kunst, und so ist das Sich-selbst-Annehmen der Inbegriff des moralischen Problems und der Kern einer ganzen Weltanschauung. Daß ich den Bettler bewirte, daß ich dem Beleidiger vergebe, daß ich den Feind sogar liebe im Namen Christi, ist unzweifelhaft hohe Tugend. Was ich dem Geringsten unter meinen Brüdern tue, das habe ich Christus getan. Wenn ich aber nun entdecken sollte, daß der Frechste aller Beleidiger, ja der Feind selber in mir ist, ja daß ich selber des Almosens meiner Güte bedarf, daß ich mir selber der zu liebende Feind bin, was dann? Dann dreht sich in der Regel die ganze christliche Wahrheit um, dann gibt es keine Liebe und Geduld mehr, dann sagen wir zum Bruder in uns *„Racha", dann verurteilen wir und wüten gegen uns selbst. Nach außen verbergen wir es, wir leugnen es ab, diesem Geringsten in uns je begegnet zu sein, und sollte Gott selber es sein, der in solch verächtlicher Gestalt an uns herantritt, so hätten wir ihn tausendmal verleugnet, noch ehe überhaupt ein Hahn gekräht hätte. Wer mit Hilfe der modernen Psychologie nicht nur hinter die Kulissen seiner Patienten, sondern vor allem hinter seine eigenen geblickt hat – und das muß ein Psychotherapeut, der nicht ein naiver Schwindler ist, getan haben –, der muß gestehen, daß es das Allerschwierigste, ja das Unmögliche ist, sich selber in seinem erbärmlichen So-Sein anzunehmen. Schon der bloße Gedanke daran kann einen in Angstschweiß versetzen, deshalb zieht man mit Vergnügen und ohne Zögern das Komplizierte vor, nämlich das Nichtwissen um sich selbst und die geschäftige Bekümmerung um andere und anderer Schwierigkeiten und Sünden. Dort winken sichtbare Tugenden, die die andern und einen selbst wohltätig täuschen. Man ist – Gott sei Dank – sich selbst entlaufen. Es gibt unzählige Menschen, die dies ungestraft tun können, aber nicht alle, und diese brechen dann vor ihrem Damaskus mit einer Neurose zusammen. Wie kann ich diesen Leuten helfen, wenn ich selber zu den Ausreißern gehöre und womöglich selber am Morbus sacer der Neurose leide? „Vorurteilslose Objektivität" besitzt nur der, der* *sich selber angenommen hat. Niemand aber kann sich rühmen, dies getan zu haben. Man kann auf Christus hinweisen, der seine historische Befangenheit dem Gotte in ihm geopfert und sein Leben so gelebt hat, wie es war, bis zum bittern Ende, wahrlich ohne Rücksicht auf Konvention oder auf das, was pharisäischer Ansicht als gut galt."*

Wer sich in einem helfenden Beruf nicht hinter der Maske des Hantierens, seinem Handwerkszeug, verstecken will, wer das Beste, das er oder sie anzubieten hat – die personale Begegnung – für seine / ihre Arbeit und seinen / ihren Dienst als Seelsorgerin oder Therapeut fruchtbar machen will, dem oder der kann der Weg zur Selbst-Annahme nicht erspart bleiben. Sie, die andere begleiten wollen auf diesem allerschwierigsten und anscheinend unmöglichen Weg zur Selbst-Annahme, müssen selbst diesen Weg gehen und gegangen sein. Sie müssen „selbst durch die ‚Enge' hindurchgegangen sein" (Trüb 1951, 102). Solange sie selbst im oberen Teil der Sanduhr sitzenbleiben, werden sie kaum in der Lage sein, andere auf dem Weg durch die angstmachende Enge zu führen und zu begleiten.

3. Bedingungslose Annahme durch Gott

> Wir wollen lieben, weil er uns zuerst geliebt hat.
>
> *1 Joh 4,19*

a. Gott liebt uns, weil er uns wirklich kennt

Mich annehmen und mich lieben kann ich erst dann, wenn ich um mich weiß, wenn ich mich kenne, im Sinne von jadah. Dabei gehören meine Fehler und Schwächen genau so dazu wie meine Stärken. Sie zu kennen und sie zu akzeptieren, befähigt mich überhaupt erst, mich in andere einfühlen zu können. „Er kann sich einfühlen, weil er auch Schwachheit an sich trägt" (Hebr 5,2). Und wie ich mich nur darum wirklich annehmen und lieben kann, weil ich mich, einschließlich meiner Fehler, annehme und liebe, vermag ich den Mitmenschen nur anzunehmen und zu lieben, wenn ich ihm Fehler zugestehe, wenn ich im Wissen um seine Fehler – ist er doch aus demselben Stoff wie ich gewoben – ihn annehme und liebe. Ja, ihn, wirklich lieben vermag ich erst, wenn ich auch seine Fehler kenne.

Ein Rabbi saß mit Dorfbewohnern zusammen und hörte ihren Unterhaltungen zu. Da hörte er, wie einer einen anderen fragte: „Ja, liebst Du mich also?" Darauf sagte der: „Nun, selbstverständlich, ich liebe Dich sehr." Da wurde der andere traurig und zog sich mit den Worten zurück: „Wie kannst Du behaupten mich zu lieben, obwohl Du meine Fehler nicht kennst." (vgl. Katz 1968, 155).

Die bedingungslose Annahme und Liebe Gottes ist ja gerade deshalb so einmalig, *weil* er uns wirklich *kennt,* ja uns unüberbietbar gut kennt – auch in unseren Schwächen und Fehlern. Daher liegt der Akzent auf dem „*weil* er uns kennt" und nicht auf dem „*obwohl* er uns kennt".

Weil ich mich kenne, wirklich kenne, kann ich mich annehmen. Weil ich Dich kenne, wirklich kenne, kann ich Dich lieben. Aber um Dich wirklich lieben zu können, als Dich, muß ich Dich kennen. Und einer der schönsten Wege dazu ist neben der Liebesbeziehung und Freundschaft die seelsorgliche und therapeutische Begegnung mit Dir. Hier ist möglich, was Martin Buber sagt: „Die Liebe geschieht... Die Liebe haftet dem Ich nicht an, sodaß sie das Du nur zum ‚Inhalt', zum Gegenstand hätte; sie ist *zwischen* Ich und Du."

Je mehr ich mich erkannt und zugleich liebevoll angenommen habe, desto ungebundener und unkontrollierter werde ich mich, einfach

als mich, Gott überantworten und hingeben, ungeschminkt, nackt. Das erst bringt mich ihm wirklich nahe. Das erst macht echte Umfassung möglich. Da kann Liebe geschehen.
Erst wenn ich mich selbst angenommen habe, vermag ich mich auch, in allem, was mich ausmacht, in der Begegnung mit der anderen Person und auch mit Gott, zuzulassen. Dann darf das, entsprechend der Situation und dem Charakter der Beziehung aus mir zu anderen hin herausströmen: in der alltäglichen Begegnung mit dem Mitmenschen; in der speziellen Beziehung zum Partner und Freund; in der alltäglichen oder auch speziellen und außergewöhnlichen Begegnung mit den Menschen, denen ich als Seelsorger oder als Berater begegne.

b. Mittler Deiner bedingungslosen Annahme

Wie verstellt ist doch so oft der reine Blick auf Dich, mein Gott. Wie verzerrt ist das Bild von Dir, das wir in uns tragen? Wieviele Menschen gehen seelisch gekrümmt durchs Leben, voll Aggressionen und Wut auf Dich, weil sie Dich als unbarmherzig, als Moloch, als Unterdrücker, Kontrolleur, Vollstrecker erleben?
Dieses verzerrte Bild von Dir ist manchmal so tief in die Herzen der Menschen eingeschnitzt, daß ein anderes Bild von Dir, daß die Begegnung mit Dir, wie Du wirklich bist, fast keine Chance hat, dagegen anzukommen. In der seelsorglichen und therapeutischen Beziehung bedarf es manchmal vieler Jahre bis jemand, nicht zuletzt dank der Erfahrung bedingungsloser Annahme, sein Bild von Dir korrigiert, mehr und mehr entdeckt, daß das, was er für Dein Gesicht hält, nicht mehr als eine Fratze von Dir war.
Wenn ich in der Begegnung mit einem ratsuchenden Menschen durch die uneingeschränkte Annahme, die ich ihm gegenüber zum Ausdruck bringe, ihm schenke, mit dazu beitrage, daß über mich Deine uneingeschränkte Annahme für den anderen erfahrbar, spürbarer

wird, bewegt mich das tief. Wo mein Mitmensch in der Erfahrung meiner Annahme den Zugang bekommt zu Deiner immer schon vorhandenen Annahme, wo im Erleben meiner Annahme, die Götzenbilder vom Sockel gestoßen, die Über-Ichs entthront werden, die bisher diesen Zugang zu Dir, der unendlichen Liebe, verstellt haben, verspüre ich Dein gnaden-volles Walten, geschieht etwas Heiliges, etwas Sakramentales.

III. EMPATHIE UND RÜCKHALTLOSIGKEIT

> Nur der aus der Herzenswachheit kommende Anruf erreicht die ansprechbare Mitte des in sich verschlossenen Patienten, erweckt und ermutigt ihn zur wahren Antwort und somit zur Selbsterschließung. Und erst auf Grund dieser rückhaltlosen Begegnung kann der seelische Konflikt verarbeitet werden und kann sich auch eine neue, rückhaltlos offene Begegnung mit der schicksalhaft zubestimmten Welt ereignen.
>
> *Hans Trüb*

1. Echtheit und Rückhaltlosigkeit durch Empathie

> Wo Rückhaltlosigkeit zwischen Menschen, sei es auch wortlose, gewaltet hat, ist das dialogische Wort sakramental geschehen.
>
> *Martin Buber*

a. Ohne Heuchelei und Fassade

„Wo... das Gespräch sich in seinem Wesen erfüllt, zwischen Partnern, die sich in Wahrheit zugewandt haben, sich rückhaltlos äußern und vom Scheinenwollen frei sind, vollzieht sich eine denkwürdige, nirgendwo sonst sich einstellende gemeinschaftliche Fruchtbarkeit. Das Wort ersteht Mal um Mal substantiell zwischen den Menschen, die von der Dynamik eines elementaren Mit-

sammenseins in ihrer Tiefe ergriffen und erschlossen werden. Das Zwischenmenschliche erschließt das sonst Unerschlossene" (Buber 1984, 295).
Was Martin Buber hier mit rückhaltlos bezeichnet, heißt in der Sprache Carl Rogers Echtheit und Kongruenz. Sie zählen für ihn neben Empathie und bedingungsloser Annahme zu den entscheidenden Einstellungen des Therapeuten oder der Therapeutin, die für den heilenden Prozeß der Therapie ausschlaggebend sind. Echt sein und kongruent sein meint zunächst einmal, zu sein, was ich bin, „ohne Heuchelei und Fassade" (Carl Rogers). Ich verzichte darauf, Vorbauten zu errichten, hinter denen ich mich verstecke, oder versteckt halten kann. Es meint weiter, was ich empfinde und fühle, deckt sich mit dem, was ich nach außen hin zum Ausdruck bringe. Das aber heißt, ich bin mir nicht nur meiner Empfindungen und Gefühle bewußt, sondern ich lebe und bin diese Gefühle in meiner Beziehung mit anderen.
Rückhaltlosigkeit und Echtheit gehen im Grunde genommen mit der Empathie einher. Empathie führt nahezu wie selbstverständlich zur Rückhaltlosigkeit. Sie ist der Weg zur Echtheit. Sie ist der Schlüssel, der die Türen öffnet, die üblicherweise den Weg zum wahren Ich versperren, damit aber auch den direkten, unverstellten, unmittelbaren Austausch miteinander unmöglich machen. Es ist der leisen, sich Millimeter um Millimeter vorarbeitenden Empathie überlassen – und nicht etwa dem brutalen Eindringen des aggressiven Vorwurfs, der verletzenden Ironie oder der spitzfindigen Überredungskunst – jene Sperren zu überwinden und Mauern zu durchbrechen, die zu einem Zurückhalten des Echten, Eigentlichen, Wesentlichen führen. Dabei ist entscheidend, daß die Empathie selbst echt ist, in ihr und über sie die wahren Gefühle, Empfindungen, Einstellungen, Gedanken und Ahnungen zum Ausdruck gebracht werden. Sie transportiert sozusagen die Echtheit. Hat die Echtheit den anderen Menschen erreicht und berührt, ist es der Empathie gelungen, eine Bresche zum Gegenüber

zu schlagen. Jetzt kann auch er, wenn er will, diese Bresche benutzen, um direkt, unmittelbar, rückhaltlos sich mitzuteilen, um in eine echte Kommunikation zu treten.

b. Rückhaltlos strömt die Mitteilung aus ihm

Wo Rückhaltlosigkeit zwischen den Menschen, sei es auch wortlose, gewaltet hat, ist, so Martin Buber (1984, 142f.) das dialogische Wort sakramental geschehen. Als Beispiel dafür führt er die folgende Geschichte an:

„Man stelle sich zwei Männer vor, in irgendeiner Einsamkeit der Welt nebeneinander sitzend. Sie reden nicht miteinander, sie sehen einander nicht an, sie haben sich nicht einmal einander zugewandt. Sie sind nicht miteinander vertraut, einer weiß nichts vom Lebenslauf des anderen, heute früh, morgens auf der Wanderschaft, haben sie einander kennengelernt. Keiner denkt in diesem Augenblick an den andern; wir brauchen nicht zu wissen, woran sie denken. Der eine sitzt auf der gemeinsamen Bank so, wie es offenbar seine Art ist: gelassen, allem gastfrei zugeneigt, was kommen mag; sein Wesen scheint zu sagen, es sei zu wenig, bereit zu sein, man müsse auch wirklich da *sein. Der andere: seine Haltung verrät ihn nicht, er ist ein gehaltener, verhaltener Mann; aber wer um ihn weiß, weiß, daß ein Kindheitsbann auf ihm liegt, daß seine Verhaltenheit noch anderes als Haltung ist, hinter aller Haltung lagert das undurchdringliche Sich-nicht-mitteilen-Können. Und nun – stellen wir uns vor, daß dies eine der Stunden ist, die es fertigbringen, die sieben Eisenbande um sein Herz aufzubrechen – löst sich unversehens der Bann. Aber auch jetzt spricht der Mann kein Wort, rührt keinen Finger. Dennoch tut er etwas. Die Lösung hat sich ohne sein Tun an ihm ereignet, gleich viel woher; jetzt aber tut er dies, daß er einen Rückhalt, über den nur er selber Macht hat, in sich aufhebt. Rückhaltlos strömt die Mitteilung aus ihm, und*

das Schweigen trägt sie zu seinem Nachbarn, dem sie ja doch zugedacht war und der sie, wie alles echte Schicksal, das ihm begegnet, rückhaltlos aufnimmt. Er wird niemand, auch nicht sich selbst, erzählen können, was er erfahren hat. Was „weiß" er nun vom andern? Es bedarf keines Wissens mehr. Denn wo Rückhaltlosigkeit zwischen Menschen, sei es auch wortlose, gewaltet hat, ist das dialogische Wort sakramental geschehen."

c. *Echt-Sein in der Beratung*

Echt-Sein, Unmittelbarkeit, Rückhaltlosigkeit in der Beratung zeigen sich zunächst in der grundsätzlichen Fähigkeit und Bereitschaft, den ratsuchenden Menschen offen, authentisch, transparent zu begegnen. Darüberhinaus gibt es in der Beratung Situationen und Umstände, die es nahelegen, den oder die Ratsuchenden über Empfindungen und Gefühle zu informieren, die der Berater oder die Beraterin bei sich selbst wahrnimmt oder die eigene Beziehung zueinander, den Stand dieser Beziehung, zum Thema zu machen und damit das Echt-Sein, die Unmittelbarkeit und Rückhaltlosigkeit sozusagen auf die Spitze zu treiben. Es sind Momente, in denen Rückhaltlosigkeit besonders dicht zum Ausdruck gebracht und erlebt wird.

Heißt Rückhaltlosigkeit nun, daß man alles sagen soll, was man sich denkt, alle Gefühle aussprechen soll, die einem kommen? Rückhaltlosigkeit, so sagt Martin Buber (1984, 294), „ist das genaue Gegenteil des Drauflosredens. Alles kommt auf die Legitimität des ‚was ich zu sagen habe' an. Und freilich, muß ich darauf bedacht sein, das, was ich eben jetzt zu sagen habe, aber noch nicht sprachlich besitze, ins innere Wort und sodann ins lautliche zu heben." Peter Schmid (1985, 125) verweist auf Ruth Cohn, die von „selektiver Echtheit" spricht und damit meint, „daß es nicht darum gehen kann, alles und jedes, was einem in den Sinn kommt oder von Bedeutung erscheint, zur Sprache zu bringen: ‚Was immer ich sage, soll echt sein; aber nicht alles, was echt ist, muß ausgesprochen werden'." Carl Rogers spricht von „selektiver Authentizität" und meint ausdrücklich, daß die Gefühle mitzuteilen sind, „wenn es zweckmäßig erscheint".

Auch dann, wenn es sich bei diesen Gefühlen um sogenannte negative Gefühle handelt, soll der Berater oder die Beraterin sie der ratsuchenden Person gegenüber zum Ausdruck bringen. In diesem Fall ist es aber notwendig, daß die beraterische Beziehung so stabil ist, daß eine solche Aussage entsprechend richtig verstanden und aufgefangen werden kann. Hier wird deutlich, daß es sehr darauf ankommt, wie ich das, was ich in mir fühle, gegenüber der ratsuchenden Person formuliere. Deutlich wird weiter, daß solche Äußerungen eingebettet sein müssen in ein vertrauensvolles Verhältnis und natürlich auch die Einstellungen und Haltungen wie Respekt, Annahme und Empathie gegenüber dem oder der Ratsuchenden, nicht verletzen dürfen. Das aber heißt auch, daß ein solches Verhalten sich unterscheidet von einem Verständnis von Beliebigkeit, das, so Peter Schmid (1989, 120), „jedwedes Verhalten und Reden damit rechtfertigt, daß es eben dem Berater intuitiv eingefallen sei oder er spontan gehandelt habe – so sei es schließlich ja auch authentisch gewesen und hätte ihm eben entsprochen: auch Ignoranz und Mißachtung können authentisch sein..."

Folgendes Beispiel aus der Praxis von Carl Rogers (1981) veranschaulicht, wie das offene Aussprechen von Gefühlen, die in einem Zusammenhang mit der beraterischen Situation stehen und die sich hartnäckig melden, zur Vertiefung und weiteren Entwicklung des beraterischen Prozesses beitragen kann. Zugleich macht es auch deutlich, welche Überwindung es den Berater kosten kann, sich zu diesem Schritt zu entschließen:

„Eine Frau, die bei mir in Therapie war, und die sich in großen Schwierigkeiten befand, fragte nach immer mehr Sitzungen. Mein

Gefühl war: „Sie will einfach immer mehr, immer mehr – sie kennt keine Grenzen." Ich glaube nicht, daß ich mir dessen so richtig bewußt war, aber ich bin mir sicher, daß das das Gefühl war, das ich hatte. Ich fühlte: „Oh, ich glaube, ich sollte sie öfter sehen – denn sie ist in einer wirklich schlimmen Situation." Es besteht kein Zweifel, daß das eine halbherzige Zustimmung meinerseits war. Mit der Zeit spürte ich, daß sich meine Einstellung ihr gegenüber veränderte. Wenn sie zu den Sitzungen kam, kam in mir das Gefühl hoch: „Oh, da kommt sie schon wieder!", eine Einstellung, die ich normalerweise nicht gegenüber meinen Ratsuchenden habe. Ich fühlte, „für sie bin ich nicht mehr der richtige Therapeut. Das sind Einstellungen, die ihr nicht helfen." Und ich fühlte mich dabei sehr unwohl, denn ich fühlte: „Sie hat ja schon genug Probleme mit sich selbst. Ich kann nicht auch noch meine Probleme ihr aufbinden." Das schien nicht fair zu sein.

So befand ich mich in einem schwierigen inneren Kampf. Ich war überrascht zu entdecken, wie schwierig es für mich war, das Gespräch zu unterbrechen und ihr zu sagen: „Ich muß da etwas mit Ihnen besprechen. Ich fühle mich nicht länger wohl mit Ihren immer größer und größer werdenden Forderungen nach mehr Zeit mit mir. Ich habe das Gefühl, daß Sie mich an die Wand drücken. Ich kann das nicht mehr aushalten." Sie war ziemlich betroffen, daß ich ihre Auseinandersetzung mit ihren eigenen Problemen unterbrochen hatte. Doch sie hörte zu und sagte: „Aber ich habe immer gesagt, ich möchte mehr Zeit, wenn Sie sie mir geben können." Ich sagte: „Ja, ich erinnere mich, daß Sie immer diese Worte gebraucht haben. Aber ich glaube, ich hatte nicht das Gefühl, daß Sie das auch tatsächlich meinten." Es entwickelte sich eine gute Diskussion. Interessant war nun festzustellen, daß sich danach das Gefühl, von ihr gedrängt zu werden, in Nichts auflöste. Ja, es ging soweit, daß kurz nach diesem Gespräch ich ihr sogar zusätzliche Zeit zur Verfügung stellte und dabei in keiner Weise irgendeinen Druck verspürte. Ich war in der Lage, sie ihr zu geben, ohne dabei zu fühlen, daß sie mehr und mehr von mir verlangte."

d. Die personale Begegnung – Herzstück der Beratung

„Dem Psychotherapeuten", so Hans Trüb (1951, 19), ist es „aufgegeben, den Patienten in seiner partnerischen Beziehung zur Welt kennenzulernen und zu erkennen. Aber – das ist zugleich hinzuzufügen – ein *objektives* Kennenlernen allein genügt nicht. Um diesen Patienten als den ganzen Menschen zu ‚entdecken', muß er, der Psychotherapeut, selbst in die partnerische Beziehung zu ihm eintreten. Das heißt: Ich erkenne diesen anderen Menschen *als Partner* noch nicht wahrhaft, solange ich ihn in seiner Begegnungssituation zum ‚objektiven' Gegenstand meiner Erkenntnis mache, sondern erst dann, wenn ich ihn in *meiner eigenen Begegnung* mit *ihm* partnerisch erfahre." Manche Heilung in der Analyse und Therapie ist vor allem auf die partnerschaftliche Begegnung zwischen Therapeut und Klient zurückzuführen, obwohl sich der Therapeut dessen gar nicht bewußt sein mag.

Was mich zum wirkungsvollen heilenden Gegenüber für die ratsuchende Person macht, ist meine Bereitschaft und Offenheit, mich wirklich, echt, auf sie einzulassen. Über all die Fertigkeiten, die ich mir für die Kunst der Beratung erworben habe hinaus, ist das Herzstück der Beratung die personale Begegnung, meine echte Begegnung mit ihr, in der ich in einem festgelegten Rahmen, mit meinem therapeutischen Hintergrund und meinen therapeutischen und seelsorglichen Fähigkeiten, für sie zur Verfügung stehe, für sie da bin, mich ihrer annehme. Das Professionelle an mir ist wichtig und Voraussetzung für eine therapeutische Begleitung. Es ist aber nicht wichtiger als meine Person, *mein* echter Respekt vor dem anderen Menschen, meine echte Zu-neigung ihm gegenüber. Das Professionelle steht im Dienst meiner personalen Begegnung mit dem oder der Ratsuchenden. Würde das Professionelle plötzlich an ihre Stelle treten, würde es zum Instrument meines Tuns, käme das dem Ende unserer Begegnung gleich. Das Herzstück wäre verschwunden, die Quelle der Heilung versiegt.

Empathie läßt sich „anwenden". Sie läßt sich vom Seelsorger, vom Therapeuten oder von der Ärztin in den Dienst seiner oder ihrer Tätigkeit nehmen. Sie kann trainiert werden. Ihren Teil im heilenden Prozeß der seelsorglichen oder therapeutischen Begegnung vermag sie aber nur dann beizutragen und zu schenken, wenn sie gespeist ist von echtem Respekt, Zuneigung, Liebe zur anderen Person. Erst dann vermag die Empathie zu „greifen", mir, dem Seelsorger und Therapeuten, den Weg zu dem anderen Menschen, seinem Innenleben zu bahnen. Um den anderen erkennen zu können im Sinne von *jadah,* geht daher kein Weg an der Liebe für den anderen Menschen vorbei. Es ist dann ja auch die Liebe die mich als Seelsorger und Therapeut in meine Grenzen verweist, die nicht zuläßt, daß ich den anderen mit meiner Empathie manipuliere, mit ihr versuche ich mir auch dort einen Zugang zu ihm zu ermöglichen, wo ich dazu kein Recht habe.

e. Heilung aus der Begegnung

Heilung ereignet sich aus der Begegnung. Aus der Begegnung zweier Menschen – mit Leib und Seele. „Dort, in dem geschlossenen Raum, wo man die isolierte Psyche, der Neigung des in sich verkapselten Patienten gemäß, ergründet und verarztet, wird dieser in immer tieferen Schichten auf seine Innerlichkeit als auf seine eigentliche Welt verwiesen; hier draußen, in der Unmittelbarkeit des menschlichen Gegenüberseins, muß und kann die Verkapselung durchbrochen, und mit dem in seinem Verhältnis zur Anderheit – zur uneinseelbaren Anderwelt – Erkrankten muß und kann ein gewandeltes, ein geheiltes Verhältnis zu ihr eröffnet werden. Nie ist eine Seele allein krank, immer auch ein Zwischenhaftes, ein zwischen ihr und anderen Seienden Bestehendes" (Martin Buber, in: Trüb, 1951, 12f.). Der Weg als Therapeut, der zur Heilung führt, ist ein „Weg des erschreckten Innehaltens, des unerschrockenen Be-

sinnens, des persönlichen Einsatzes, des Abwerfens der Sicherheiten, des rückhaltlosen Gegenübertretens, der Aufsprengung des Psychologismus", ein „Weg der Schau und der Wagnisse" (ebd.). Die Träume mögen der königliche Weg zum Unbewußten sein, der königliche Weg zur anderen Person ist die personale Begegnung. Allein über sie vermag ich den Mitmenschen zu erreichen. Sie allein „greift" bei ihm, läßt mich an das, was ihn bedrängt und bedrückt, seine Not, seine Verzweiflung, seine Angst, wirklich herankommen. Über *sie* gelange ich in den Abgrund der Not meines Gegenübers. Ich gehe „mutig hinein in das Erleidnis der Neurose, und dies nicht etwa nur als sachlich objektivierender Psychologe, sondern grundhaft in der liebenden Haltung des partnerisch helfenden Menschen... Im Wagnis dieses personalen Einsatzes, bis hinein in die neurotische Selbstverfangenheit des Patienten" bleibe ich zuversichtlich, weil ich „das einzig wahre Ziel der Heilung, die Erschließung des verschlossenen Menschen für die Begegnung mit der Welt" (Trüb 1951, 73) kenne und fest im Auge behalte.
Der Therapeut oder die Therapeutin muß sich auf das Wagnis einlassen, „die Not des anderen vertiefend und sie vereigentlichend, mit seinem Partner in den Abgrund des Nichts hinabzusteigen... Im Abgrund des Nichts aber ist die Bildungsstätte der neuen Geburt, hier bereitet die radikale Umkehr sich vor. Im eigenen, durch die jeweilige therapeutische Situation angeregten und erneuten Vollzug des Heilswerdens kommt in Gang die Heilung des partnerischen Gegenübers, jetzt beinahe schon ‚Freundes'" (Gebsattel 1952). Aus der Begegnung entsteht Heilung.

Ich kenne Momente in der Beratung, in denen ich mich in der Beziehung zu anderen transparent und kongruent erlebe. Alle die Kräfte, die ich sonst an mir kenne, die mich abhalten wollen, echt zu sein, sind dann wie ausgeschaltet. Ich fühle mich unheimlich frei, befreit auch von den Strebungen in mir, die das, was wirklich in mir an Ge-

danken, Gefühlen, Regungen, Ahnungen bezogen auf den anderen und unsere Gefühle da ist, niederhalten wollen.
Ich erfahre solche Augenblick als Momente höchster innerer Wachheit. Ich bin mir dessen, was in mir gerade da ist, voll bewußt. Ich erlebe mich als ganz präsent, ganz in Berührung mit mir, meinen Gedanken, Gefühlen, meinem Körper und Geist, meinem Herzen und meiner Seele. Zugleich erlebe ich eine starke Verbundenheit mit dem oder der anderen. Es ist mir, als seien wir eingehüllt in eine Sphäre, die eigens für uns geschaffen worden ist. Vor allem aber: Ich fühle mich frei auf Dich hin. Da ist keine Mauer, an der mein wahres Sein, mein wirkliches Denken, Fühlen und Empfinden gebrochen würde. Was zwischen uns ist, wird durchlässig, meine Gefühle, Gedanken, mein Ich können zu Dir gelangen.
In diesen Momenten fällt es mir nicht schwer, Dich teilhaben zu lassen an dem, was ich wirklich fühle. Es sind die Augenblicke, in denen mir klar ist, daß alles, was ich jetzt sage, Dich, uns, weiterbringt. Es sind Momente, wo Ich und Du sich auf der gleichen Ebene treffen. Du bist nur noch Du, ich bin nur noch Ich. Das gilt zumindest für mich. „Ich öffne Aug oder Ohr, oder ich strecke meine Hand aus, und fühle in demselbigen Augenblick unzertrennlich: Du und Ich, Ich und Du" (vgl. Buber 1984, 301). Mein ungeschminktes Ich spricht zu Dir, will Dein ungeschminktes Ich ansprechen. Mitten hinein in Dich gesprochen, will es Deine Mitte erreichen, den Weg zu Deinem Ich finden.

2. Der Seele eine Stimme geben

> Ein Jung-Schüler: Gott begegnet dem Menschen *in* seiner Seele.
> Ich: Gott begegnet dem Menschen *mit* seiner Seele.
>
> *Hans Trüb*

a. Meine Liebe ist echt

Carl Rogers gebraucht zur Kennzeichnung bedingungsloser Annahme auch den Begriff *agape*. Er spricht damit aus, was dieser Haltung eigentlich zugrundeliegt, eine vom Mitmenschen nicht besitzergreifende, vom andern her denkende, selbstlose Liebe. Therapeuten – so auch Carl Rogers – halten sich eher zurück, im Zusammenhang mit der therapeutischen Beziehung so deutlich von Liebe zu sprechen. Das mag damit zusammenhängen, daß das Wort Liebe ganz unterschiedliche Bedeutungen haben kann. Auch mag es bei manchen therapeutischen Schulen eine gewisse Scheu geben, so offen oder besser vielleicht so ungeschützt und unwissenschaftlich von der Liebe als zentralem Ereignis eines therapeutischen Prozesses zu sprechen.

Der Psychiater Scott Peck (1978, 164f.) findet an Gefühlen von Liebe, „die der Therapeut zu seinem Patienten entwickelt, nichts Unangemessenes, wenn der Patient sich an die Regeln der Therapie hält". Diese Liebesgefühle „sind nicht unangemessener als die Liebesgefühle, die gute Eltern gegenüber ihren Kindern haben". Ja, es ist sogar „von grundsätzlicher Bedeutung für den Therapeuten, den Patienten zu lieben, damit die Therapie zum Erfolg führt...".

Meine Liebe, die ich für die Ratsuchenden empfinde, ist echt. Sie ist nicht etwas Künstliches, Aufgesetztes, Unnatürliches. Sie gilt der konkreten Person, mit der ich zusammen bin, und kann nicht, wie es manche Psychotherapeuten nahelegen, auf eine „positive Gegenübertragung" reduziert werden. Dann nämlich würde meine Liebe nicht wirklich dem mir gegenübersitzenden Menschen gelten. Sie wäre dann lediglich als ein Aufkommen von Empfindungen und Gefühlen zu verstehen, die der Analytiker eigentlich einem anderen Menschen gegenüber empfand oder empfindet, durch die Begegnung mit dem Analysanten jetzt aber in ihm ausgelöst werden. Solche Gefühle und Empfindungen auch aus dieser Sicht zu sehen und sie für den therapeutischen Prozeß fruchtbar zu machen, ist nochmal etwas anderes als das, was tatsächlich in der therapeutischen Begegnung an Liebe, sei es von seiten des Klienten oder des Therapeuten sich ereignet, auf Übertragung oder Gegenübertragung zu reduzieren. Geschieht das aber, dann erinnert das, was hier vor sich geht, an ein Laboratorium. Es atmet dann nicht den Hauch echter Begegnung, sondern vermittelt eine distanzierte, mitunter auch kalte Atmosphäre.

Das aber ist nicht die Atmosphäre, die die Empathie nährt, die sich eignet, den Graben zwischen mir und der ratsuchenden Person zu überwinden, um zu ihr zu gelangen und bei ihr zu verweilen. Ich will nicht nur das Unbewußte im anderen, sein Selbst, erreichen – als könne ich das von der ganzen Person trennen. Ich will den ganzen Menschen, sein Unbewußtes und Selbst eingeschlossen, erreichen, mit *ihm* Kontakt aufnehmen, von mir als ganzem Menschen zu ihm als ganzen Menschen. Zumindest will ich das auch dann, wenn ich mich auf Einzelbereiche konzentriere, nicht vergessen, ja soll unsere Umfassung gleichsam der ständig vorhandene Rahmen sein, der alle „Einzelunternehmungen" einbettet.

Nein! Ich bin nicht nur an Einsichten interessiert – so willkommen sie sind. Ich will auch nicht nur mit einem letztlich unnahbaren verabsolutierten Selbst zu tun haben – so sehr mir an dessen Entfaltung und Vollendung liegt. Ich will auch nicht nur das „felt sense" im anderen ansprechen – so sehr ich es für den therapeutischen Prozeß fruchtbar machen will. Ich bin auf der Suche nach

dir. Ich will dich suchen, dir helfen, dich zu entdecken und zu finden. Dich mit Leib und Seele, mit Verstand und Herz. Dich suchen heißt für mich nicht, dich erforschen. Es heißt für mich, dich erfahren, dich spüren, dich erleben. Nein! Nicht auf der Couch hinter dir sitzend, auch nicht nur in der Begleitung deines Weges nach innen. Schon gar nicht nur mit systematischer Desensibilisierung. Ich will dich *erkennen.*
Ich will dich mir bekanntmachen, will mit dir vertraut werden. Ich will mich vortasten in deine Eigenwelt und sie dabei dir selbst vorführen, dir vertraut machen, dir bekanntmachen. Ich will dir helfen, dem Innersten in dir, deiner Seele, eine Stimme zu geben, damit du ihre Sehnsüchte, deine tiefsten Sehnsüchte erkennen und erspüren kannst, um schließlich, bist du mit ihnen in Kontakt gekommen, von ihnen dich antreiben zu lassen: zum Kontakt mit deinen Mitmenschen, der Schöpfung und deinem Schöpfer.

b. Meine Liebe öffnet mir den Weg zu Dir

Um deiner Seele eine Stimme geben zu können, muß ich mich in dich hineinfallen lassen. Um wirklich zu dir zu finden, muß ich die Stellen finden, die mich dir näherbringen. Die finde ich nur, wenn ich im ständigen Kontakt mit dir bin, wenn ich aus meiner Fassung trete, um mich ganz von dir her „steuern“ zu lassen. Zu deiner Seele finde ich nur, wenn ich dabei getragen werde von einer liebevollen Haltung. Meine Liebe zu dir führt mich in dein Zentrum. *Sie* öffnet mir den Weg dahin. Spüren bei mir, wirklich erfahren, was du spürst und empfindest, vermag ich nur, wenn ich über mein therapeutisches Interesse hinaus, über den Respekt, den ich vor dir habe, über die bedingungslose positive Wertschätzung für dich hinaus, bzw. in all dem dich wirklich liebe, ich dich nicht nur umfasse, sondern dich umfassend, in eine spezielle, von liebevoller Zuneigung belebte und am Leben erhaltene Beziehung trete.

Unsere Beziehung ist aber auch eher einer Liebes-Beziehung vergleichbar denn einem kriminologischen Unternehmen, bei dem es gilt, spitzfindig und mit Logik ein Problem zu lösen. Ich mache mich nicht auf die Suche nach Ursachen, zerbreche mir zumindest darüber nicht den Kopf. Ich tue das jedenfalls nicht, solange ich mich auf deine Wellenlänge einzuschwingen versuche. Jetzt öffne ich die Schleusen meiner Intuition, lasse ich meine Ahnung walten. Ich bin das Kind, das mit dir spielt. Ich bin der Freund, der deiner von enttäuschter Liebe beschwerten und erstarrten Seele zum Weinen und Schluchzen verhilft, damit sie sich schüttelt und dabei auch ihren Schmerz und ihre Verzweiflung ausschüttet, sich wieder spürt und durch die heftigen Bewegungen wieder mit dem Leben in Berührung kommt, es wieder spürt und zuläßt.
Ich klage, flehe, fluche, schreie mit dir. Um Gotteswillen! Nein! Ich bleibe nicht cool, distanziert, gesetzt, schweigend, analysierend hinter oder neben dir. Es gibt Momente, da bin ich dir Vater oder Mutter, da bin ich dir Bruder und Schwester, Freund oder Freundin. In meinem Eingehen auf dich, lasse ich von deiner Seite alles zu, was du in der Begegnung mit Vater, Mutter, Bruder, Schwester, Freund, Liebhaber empfindest. Ich helfe dir mit diesen Empfindungen in Berührung zu kommen, sie zu spüren, sie zu benennen, sie zuzulassen. Dabei ist mir nichts zu peinlich, zu kindlich, zu zart, zu abstoßend, zu unaussprechbar.
Um dem Innersten in dir eine Stimme zu geben, muß ich mich an deinem Innersten, deiner Seele, deinem Herzen, deiner Melodie ausrichten. Sie sind mir vorgegeben. Was das Innerste in dir will und fühlt, was es sagt, sagen will, dem eine Stimme geben – dabei will ich dir helfen. Dafür eignet sich aber nicht die Sprache der Philosophen und Theologen, nicht die der Psychologen und Soziologen. Dafür eignet sich die Sprache der Dichter, der Mystiker, der Künstler, der Kinder im Sinne von Friedrich Schiller, der sagt: „Und was kein Verstand der Verständigen sieht, das übet in Einfalt ein kindlich Gemüt."

Ich weiß, ich vermag das, was in dir zugelassen werden will, deine Freude, deine Angst, dein Jauchzen und dein Weinen, erst dann zuzulassen, wenn ich meine Freude, meine Trauer, mein Jauchzen und mein Weinen zulassen, annehmen und aushalten kann. Je mehr ich in mich hineingeschaut habe, mich dabei im Sinne von *jadah* erkannt und dabei in all meinen Stärken, Schätzen und Höhen sowie in all meinen Schwächen, Armseligkeiten und Abgründen liebevoll angenommen habe, desto mehr werde ich in der Begegnung mit dir deine Stärken und Armseligkeiten, deine Höhen und Abgründe zulassen können.
Es ist ja letztlich meine Liebe zu dir, die mich so hemmungslos empathisch sein läßt. Ich bin an dir wirklich interessiert. Dir gilt mein echtes Interesse, meine echte, tiefe Sorge. Es ist diese von meiner Liebe getragene Empathie, die mich wach werden läßt für deine Bedürfnisse und Wünsche.

3. Sich von Gottes Wort überraschen lassen

> Wahrheit wird uns nur vernehmbar in der Begegnung.
>
> *Martin Buber*

Tief in mir spüre ich: Martin Buber hat recht. Wahrheit ist nichts Abstraktes, und sie ist auch nicht etwas, das allein aus der Tiefe des Unbewußten auszuloten ist. Sie kristallisiert sich gleichsam während der Begegnung heraus. Je intensiver und echter die Begegnung sich gestaltet, desto deutlicher tritt die Gestalt der Wahrheit hervor, fällt von ihr ab, was sie bisher entstellte, verdunkelte, deformierte. Nicht, daß sie sich in ihrer reinsten Gestalt zeigen würde – solche Momente mag es geben, aber sie sind, gibt es sie, die Ausnahme. Dieser letzte Vorbehalt ist Ausdruck ihrer Unverfügbarkeit, in ihm wird das ihr anhaftende Geheimnisvolle deutlich, das in der Frage nach dem: „Was ist Wahrheit?“ bestärkt wird. Wahrheit, auch die Wahrheit über Gott, wird uns nur vernehmbar in der echten Begegnung mit Gott. Diese echte Begegnung mit Gott setzt aber wie jede echte Begegnung voraus, daß ich mich vorbehaltlos, rückhaltlos dieser Begegnung überlasse; ich bereit bin, mich in die Wahrheit, die Gott selber ist, einzufühlen; ich in mir das Bewußtsein und Erspüren der geschöpflichen Verbundenheit mit Ihm auferstehen lasse und der eigentlich immer schon anwesenden Umfassung mit ihm innewerde.

Eine solche Begegnung ist getragen von Schweigen, heiligem, ehrfürchtigem Warten auf Gottes Wort. Sie kennt eine Sphäre und Atmosphäre, die Gottes Gegenwart eignet. Sie ist geprägt und umfaßt von geheimnisvoller Stille, Ehrfurcht und Gottergebenheit. Hier ist Gott und seine Wahrheit im Säuseln des Windes zu erkennen und vernehmbar. Das setzt eine Haltung voraus, die in großer Freiheit und Offenheit sich wirklich einläßt auf Gott und sein Wort, Ihm und seinem Wort wirklich den Raum läßt, den es braucht, um sich zu entfalten, Gestalt anzunehmen, immer mehr von sich zu zeigen. Es setzt voraus, offen dafür zu sein, sich von Gottes Wort überraschen, sich von Ihm und seinem Wort auch einmal überrumpeln zu lassen, Ihm und seinem Wort tatsächlich begegnen zu wollen.

IV. SICH GEHEN LASSEN, OHNE SICH ZU VERLIEREN

Wer seinen Freund aus dem Schlamm und dem Abfall holen will, muß selbst in den Schlamm und den Abfall hineingehen, um ihn dort herauszuholen. Um zu verhindern, daß er dabei versinkt, soll er ein Seil um sich binden, bevor er hinabsteigt.

nach einer Chassidischen Erzählung

1. Von der Dynamik lebendiger Empathie

Er überläßt sich der Strömung, aber da er gut verankert ist, ist er nie ganz der Macht der Flut ausgesetzt.

nach Sandor Ferenczi

a. Subjektives Sich-Einlassen und objektive Zurückhaltung

Sich fallen lassen in einen anderen Menschen, ihn in die größte Tiefe begleiten, um an die Quelle seiner Sehnsucht zu gelangen, durch unwegsames Gebiet, mitunter hinab in eine unwirtliche, ja unheimliche und Angst auslösende Tiefe, wirklich diesen Weg gehen und das Gehen dieses Weges bei ihm dabei fördern, auch wenn das für den Augenblick noch größere Angst verbreiten, noch mehr Schmerz auslösen mag, das ist meine Aufgabe als Begleiter. Ich gehe diesen Weg ganz mit und doch, ich gehe nicht auf im anderen. Es mag Momente geben, wo ich in meinem Ganz-bei-dem-anderen-Sein geradezu wie weggetreten bin. So sehr bin ich bei der anderen Person, so sehr bin ich in Beschlag genommen von dem, was sie bewegt. In all dem und bei all dem bin ich mir ganz sicher, daß ich nicht in ihr versinke, plötzlich in ihr aufgehe und zwischen mir, meiner Innenwelt, und ihr, ihrer Innenwelt, nach wie vor unterscheiden kann.

Für Viktor von Gebsattel (1952) ist ein solcher Einsatz nur dann möglich, „wenn der Therapeut, seiner Personalität eingedenk, am Seil einer höheren Bewußtheit sich in den Abgrund, zum anderen, hinabläßt". Nach Martin Buber (in: Trüb 1951, 10f.) ist er ein Wechselspiel zwischen personhafter Begegnung, bei der die „in langer Lehre und Übung erzwungene und durch sie verbürgte professionelle Überlegenheit" zurücktritt und eine Rückkehr in die Methodik vom Therapeuten gefordert ist, gerade auch weil er Therapeut ist. Dabei geht er aber davon aus, daß der Therapeut, der sich immer wieder auf einen personhaften Einsatz einläßt, als Veränderter in eine veränderte Methodik zurückkehrt.

Martin Buber vermeidet in diesem Zusammenhang den Begriff Empathie und spricht von *Umfassung*, da nach seinem Empathieverständnis diese Möglichkeit der „inneren Zurückhaltung", die zum Beispiel in Therapie und Seelsorge und in der Erziehung unbedingt notwendig ist, nicht gegeben ist. Sein Verständnis von Empathie ist offensichtlich stark von der Anthropologie geprägt. Danach verschwindet bei der Empathie das Subjekt sozusagen im Objekt, d.h. das Subjekt wird mit dem Objekt identisch. In diesem Fall gibt es keine Möglichkeit, wieder zum eigenen Pol zurückzuschwingen (vgl. Katz 1963, 85f.).

In der Umfassung sieht Martin Buber dagegen die Möglichkeit und Gewähr dafür, sich ganz auf die andere Person einlassen zu können, ohne dabei vom eigenen Standpunkt zum anderen hingezogen zu werden, dabei den eigenen Pol verlassend. Ich bleibe dann bei mir selbst, bin zugleich aber auch in der Lage, zum anderen Pol, also zur anderen Person zu gelangen. Daß ich mich selbst nicht aufgebe und fest verankert bin und bleibe, ist Voraussetzung dafür, daß ich mich ganz, total, auf die andere Person einlassen kann.

Die Vorbehalte Martin Bubers gegenüber dem Begriff Empathie im Zusammenhang mit Beratung, Erziehung und Seelsorge lassen sich ausräumen, wenn man zwischen Empathie im gängigen Verständnis und ekstatischer Empathie unterscheidet. Während man bei der ekstatischen Empathie total in einer Sache oder in einem anderen Menschen aufgeht, kann die Empathie im üblichen Sinn eine Weise der Einfühlung sein, die dem entspricht, was Martin Buber Umfassung nennt. Empathie kennt dann verschiedene Grade des Einfühlens in eine Sache oder in einen anderen Menschen, ohne daß dabei der Kontakt mit sich selbst, die eigene Identität verloren geht (vgl. Katz 1979).

Je mehr Empathie zugelassen wird, je weiter ich mich von mir wegbegebe und riskiere, mich auf die andere Person einzulassen bzw. sie riskiert, sich auf mich einzulassen, desto näher gelange ich an die Schwelle, die, wenn ich sie überschreite, weil ich nicht wach genug oder weil ich nicht genug verankert in meinem Selbst oder nicht genug geübt bin, ein Zurückgehen kaum mehr zuläßt. Dann nämlich bin ich rettungslos der ekstatischen Empathie verfallen.

b. Ekstatische Empathie

Jemanden erkennen im Sinn des hebräischen Wortes *jadah* meint ein Erkennen, das alle Sinne zuläßt und benutzt, um den geliebten Menschen erkosten, erschmecken, erriechen, erspüren, erfühlen, erahnen, ertasten zu können. Alles wird miteinbezogen: sein Aussehen, sein Gang, sein Flair, seine Stimme, seine Geschichte, seine Träume, seine Ängste. Alles ist wichtig. Hier kann die Empathie auch auf die in der sexuellen Begegnung mögliche Weise von Umfassung zum Ausdruck gebracht werden. Hier kann in den Momenten der totalen Vereinigung die ersehnte Empathie mit dem geliebten Partner oder der geliebten Partnerin die Erfüllung ihres Zieles erleben und feiern. Jetzt bin ich ihm wirklich am nächsten, körperlich, unüberbietbar am nächsten. Jetzt sind wir vereinigt, *eins,* ein Leib und eine Seele. Du bist bei mir, ja in mir, ich bin bei dir, ja in dir. Es sind Momente der totalen Identifikation.

In diesen Momenten ist der Kontakt zu den Polen, die die jeweilige Identität, meine und deine, repräsentieren, unterbrochen, wenn auch nicht aufgehoben. *Wir* sind beide füreinander da. Es ist eine wahrhaft gleiche Beziehung, gleich im Sinne von partnerschaftlich. Ich muß mich nicht rückversichern, muß nicht das Seil um mich legen, das mir garantiert, nicht so sehr in die Begegnung hineingerissen zu werden, mich nicht so sehr hineinreißen zu lassen, daß ich dabei irgendeinen Auftrag vergäße, verunmögliche oder gar verrate. Auch du mußt dich nicht durch dieses Seil absichern. Wir können beide uns einfach total hingeben, uns ineinander verlieren, in seligem Taumel und Genießen der Erfahrung zutiefst empfundener Umfassung beiwohnen.

Diese Umfassung hört nicht auf, wenn das Hochfest ihr zu Ehren zu Ende gegangen ist und wir wieder den Kontakt zu uns, unserer jeweiligen Identität hergestellt haben. Sie bleibt, zeigt sich in anderen Formen und auf andere Weise: im gegenseitigen Sich-Eröffnen, im Austausch der Sehnsüchte und Ängste, in der Bereitschaft, den jeweilig anderen zu verstehen; im gemeinsamen Durchtragen von Schwierigkeiten, im solidarischen Verhalten zum Partner, wenn einer in Not gerägt.

c. *Empathie in der Beratung: Ich bin für den anderen da*

Nach Martin Buber (1965, 172) sind Therapeut und Klient nicht gleich und können es auch nicht sein. Der *Patient* sucht, so Martin Buber, Hilfe und will nicht dem Therapeuten helfen. Er ist nicht darauf aus, den Therapeuten zu verstehen, ihn als Person kennenzulernen. Martin Buber (1983, 156) geht soweit zu sagen: „Wo es dem Patienten beifiele und gelänge, seinerseits die Umfassung zu üben und das Geschehen auf dem ärztlichen Pol zu erleben", würde die spezifische, die „heilende" Beziehung enden. Das gilt auch für die Seelsorge, „weil hier eine Umfassung von der Gegenseite her die sakrale Authentizität des Auftrages antasten würde".

Eine Frau, 35 Jahre alt, Psychologin und schwanger, trifft bei einem ihrer routinemäßigen Arztbesuche auf eine völlig verzweifelte Ärztin, die vor kurzem erfahren hat, daß sie schwanger ist und jetzt, da sie um die 40 ist, voller Angst ist, sie könnte ein mongoloides Kind zur Welt bringen. Die Psychologin versucht aus der Situation das beste zu machen und geht, so gut es ihr möglich ist, auf die Ängste ihrer Ärztin ein. Nach diesem Ereignis kann sie allerdings nicht mehr zu dieser Ärztin gehen, sondern sucht sich eine neue. Das Ärztin-Patientin Verhältnis mit ihrer früheren Ärztin ist aufgehoben worden, die Wirksamkeit der Ärztin für die Psychologin verschwunden, als aus der Patientin die psychologische Helferin, aus der medizinischen Helferin die Klientin wurde.
Ein religiöser Schriftsteller erzählte mir, wie er über eine längere Zeit versuchte, mit einem Freund, der Psychiater war, therapeutische Gespräche entsprechend den therapeutischen Regeln zu führen. Er kam zu den Gesprächen jede Woche für eine Stunde in dessen Praxis. Die Gespräche brachten ihn nicht weiter. Erst als er sich entschloß, den Freund nicht mehr länger als Psychiater zu beanspruchen und seine Probleme mit ihm bei ihren gelegentlichen Begegnungen zu besprechen, waren sein Freund und die Gespräche mit ihm von echter Hilfe für ihn.

Für Carl Rogers (vgl. Buber 1965, 173) ist eine uneingeschränkte „Ich-Du-Beziehung", bei der „zwei einzigartige Menschen auf gleicher Wellenlänge miteinander sich befinden", möglich. Therapie meint für ihn etwas Unmittelbares, Gleiches, ein Treffen zweier Personen auf einer gleichen Grundlage – obwohl es in der Ich-Es-Welt als eine sehr ungleiche Beziehung gesehen werden könnte. Carl Rogers (1987, 38f.) betont allerdings, daß die Frage der Gleichheit sekundär ist. Die Frage, die *er* sich vor einer Begegnung mit einem Klienten stellt, ist nicht: „Kann ich diese Beziehung zu einer gleichen machen?", sondern „Kann ich für diesen Klienten total anwesend sein? Kann ich mit ihm oder ihr *sein?* Kann ich sensibel sein für jede Nuance von persönlichem Sinn und Wert, unabhängig davon, wie meine eigene persönliche Erfahrung aussieht?" Carl Rogers fährt fort: „Der Grund, warum ich weiterhin so gerne Therapeut bin, ist, daß auch ich manchmal voll Ehrfurcht auf die unglaubliche Stärke und Weisheit dieses verwundbaren Klienten schaue. Ich nehme teil an einem Wunder. In solchen Momenten fühle ich mich, wie wenn ich ein Teil des Klienten wäre. Es ist eine wahrhafte Ich-Du-Beziehung. In solchen wichtigen Momenten der Veränderung in der Therapie ist die Frage nach Gleichheit oder Ungleichheit total irrelevant."

Martin Buber und Carl Rogers haben sich in einem Gespräch über diese Fragen unterhalten und, so mein Eindruck, dabei etwas aneinander vorbei geredet, da sie offensichtlich von einem unterschiedlichen Empathieverständnis ausgingen. Dabei gehen sowohl Martin Buber und Carl Rogers davon aus – wobei Martin Buber, wie erwähnt, in diesem Zusammenhang lieber von Umfassung spricht –, daß ich mich auch in den Momenten der größten Empathie, wenn ich mich total auf die andere Person eingelassen und anscheinend selbst vergessen habe, zu jedem Zeitpunkt an einem unsichtbaren Seil, an dem ich hänge, „rette", und mit dessen Hilfe ich mich zu jedem Zeitpunkt zurückziehen, zurücknehmen kann. Es gibt die Momente, in denen ich mich wirklich auf gleicher Wellenlänge mit der anderen Person befinde. Das können auch die Augenblicke sein, in denen, wie Carl Rogers meint, Hilfe gleichsam als Nebenprodukt geschenkt wird. Doch ich bin *für* die andere

Person da. Der Akzent liegt auf ihr. Sie kann nicht in dem Umfang bei mir sein wie ich bei ihr, und auch dann, wenn ich ganz bei ihr und in ihr bin, bin ich für *sie,* sie aber nicht in diesem Sinne für mich da. Wäre sie das, würde sich der Kontrakt, der Rahmen unseres Gespräches und unserer Begegnung verändern.

d. Feststehen im eigenen Selbst – eine wichtige Voraussetzung für Empathie

Wenn ich in meinem Selbst feststehe, ich mir sicher bin, wer ich bin, und weiß, daß ich in der Welt eines anderen Menschen mich, mein Selbst nicht verliere, kann ich mich auf die andere Person in einer radikal empathischen Weise einlassen (vgl. Rogers, 1980a, 143). Diese innere Standfestigkeit ist Voraussetzung, um sich radikal in die innere Welt des oder der anderen einfühlen und dort eintauchen zu können.

Carl Rogers (vgl. Kirschenbaum, 1979, 171f.) berichtet von einer Erfahrung mit einer schizophrenen Frau, bei der er nicht mehr in der Lage war, sein Selbst von dem seiner Klientin zu trennen. „Ich verlor im wahrsten Sinne des Wortes die Grenzen meines Selbst. Die Situation läßt sich am besten an einem Traum von ihr darstellen. Darin reißt mir eine Katze meine Eingeweide aus dem Bauch, ohne daß sie es wirklich wollte... Ich war überzeugt, verrückt zu werden. Eines Abends sahen wir uns in einem Kino einen Film an, der ziemlich viele bizarre Szenen hatte. Ich dachte dabei ernsthaft: ‚Nun, wenn ich eingesperrt bin und anfange zu halluzinieren usw., kann sie denken, daß das alles aus mir herauskommt, und vieles davon wird tatsächlich das sein, was ich im Kino sah.‘ Ich war überzeugt, daß das so eintreffen würde. Ich war emotional so angeschlagen, daß alles einen wirklich großen Einfluß auf mich hatte.“ Carl Rogers beendete schließlich mit Hilfe eines Kollegen die therapeutische Beziehung. Er selbst brauchte einige Zeit, um sich von dieser Erfahrung und dem, was sie bei ihm ausgelöst hatte, zu erholen. Von großer Hilfe war für ihn dabei auch seine eigene Therapie. Über sie schreibt er: „Ich glaube, daß ich in mir jetzt eine große Freiheit erlebe, mich auf emotional tiefe Beziehungen mit Klienten einzulassen und mit weniger Rigidität und einer größeren Fähigkeit, in ihren tiefsten emotionalen Krisen bei ihnen auszuhalten (174).“

Wer in Berührung mit seinem Selbst ist, wer seines Selbst sicher ist, wird auch eher bereit und in der Lage sein, sich auf andere und anderes einzulassen. Er oder sie wird das nicht unterlassen, aus Angst vor dem, was vom Gegenüber an Ungewohntem, ihn Erschreckendem auf ihn oder sie zukommen mag. Er oder sie wird auch nicht vermeiden, sich wirklich auf den Mitmenschen einzulassen, aus Angst, dadurch verändert zu werden. Er oder sie wird sich viemehr auch deshalb auf andere und anderes einlassen, weil er oder sie sich dadurch verändern kann.

e. Exzessive und fassungslose Empathie

Die totale Unfähigkeit, sich in andere einfühlen zu können, kann ebenso Ausdruck einer psychischen Störung sein wie eine exzessive Empathie. Im letzteren Fall glaubt die Person „daß ihr Ich über sich selbst hinaussteigt und andere Menschen oder Dinge nahezu total verschlingt. Sie macht keinen Unterschied mehr zwischen sich und anderen“ (Katz 1963, 58).
Ein Mensch mag sosehr die Situation eines anderen Menschen auf sich wirken lassen, daß er wie durch einen Sog von sich, seinem Ich und Selbst weggerissen wird. Sofern solche Erlebnisse vorübergehender Art sind und damit nicht eine langandauernde Persönlichkeitsstörung verbunden ist, die dazu führt, daß die Person nicht mehr funktionstüchtig ist, kann das Ausdruck der Fähigkeit

tiefer Empathie sein: Jemand macht bei sich so weit auf, läßt sich von der Situation des anderen so sehr treffen, daß er zusammenbricht. Bei Verlusterfahrungen kann es geschehen, daß manche geradezu aufgerissen werden. Ihre Liebe zu dem geliebten Menschen, dessen sie immer und immer wieder empathisch innewerden, dreht ihnen das Herz um und bringt sie total aus der Fassung. Sie brechen zusammen. Sie haben keine Konturen mehr. Ihr Ich ist wie zerflossen. Sie bedürfen der Begleitung und Hilfe, bis sie sich wieder gesammelt und ihre Fassung wiedergefunden haben.

2. Empathie und Sexualität

> Bist mit dem Teufel du und du und
> willst dich vor der Flamme scheuen?
> *Johann Wolfgang Goethe*

a. Chancen und Grenzen sexueller Empathie

Wenn gesagt oder zumindest angedeutet wird, daß ein Seelsorger oder eine Psychotherapeutin in der beraterischen Begegnung so weit gehen mag und kann, daß sein oder ihr – in meiner Sprache – Verlangen nach Empathie bzw. das Zulassen von Empathie auch zu einer sexuellen Begegnung mit der ratsuchenden Person führen mag und kann, und das, so scheint es, für tolerabel erachtet wird, vermag ich dem nicht zu folgen. Daß es immer wieder auch geschieht, steht auf einem anderen Blatt.
Wo das gesagt oder angedeutet wird, berücksichtigt man meiner Meinung nach unabhängig von der ethischen Seite eines solchen Verhaltens nicht hinreichend, daß die Bereitschaft des Psychotherapeuten bzw. der Seelsorgerin, sich auch sexuell auf eine Beziehung mit einer ratsuchenden Person einzulassen, ihre Wirksam-

keit erheblich, wenn nicht gänzlich, aufhebt. Das Seil, das sie mit ihrem Auftrag oder ihrer Aufgabe verbindet und zugleich auch an diese anbindet, reißt in diesem Moment. Die Sonderform der Beziehung, die auch als Sonderform echt ist, aber als Sonderform erhalten und als solche immer auch eine „als-ob"-Beziehung bleiben muß, und für die ein letzter Vorbehalt der anderen Person zuliebe garantiert werden muß, wird durch die sexuelle Begegnung zunichte gemacht. Der Vorbehalt wird aufgegeben.

Der Psychotherapeut Scott Peck (1978, 175f.) sagt von sich, daß er bereit sei, sich auch sexuell auf eine Beziehung mit einer Klientin einzulassen, wenn dadurch die betreffende Person spirituell wachsen würde. Da das aber seiner Überzeugung nach nicht der Fall ist, nimmt er Abstand davon. Eine solche Position, die ich von ihrer Schlußfolgerung her für richtig erachte, erscheint mir dennoch fragwürdig, da sie in ihren Überlegungen zu wenig die außertherapeutische Situation des Therapeuten beachtet und z.B. nicht entsprechend berücksichtigt, welche Konsequenzen die Bereitschaft zu einer sexuellen Beziehung mit einer Klientin, für die im privaten Leben des Therapeuten eingegangenen Beziehungen und Verpflichtungen mit sich bringt. Im Falle des zölibatären Seelsorgers wäre ein solches Verhalten von vornherein nicht mit seinem Lebensstil in Einklang zu bringen. Eine Verletzung des zölibatären Lebenstils würde sowohl bei dem betroffenen Seelsorger wie auch bei der anderen Person von weitreichenden, nicht zuletzt auch psychischen und sozialen Verwicklungen und Verstrickungen begleitet sein. Das gilt entsprechend für einen nichtzölibatären Begleiter oder Psychotherapeuten, der mit einer solchen Überschreitung in Kollision mit seinem persönlichen Lebensstil – etwa, wenn er verheiratet ist – kommt.

Unterstreichen möchte ich aber, was Scott Peck grundsätzlich über die therapeutische Beziehung sagt: „Wegen der unbedingt liebevollen und intimen Natur einer therapeutischen Beziehung ist es unausweichlich, daß sowohl Patienten wie Therapeuten in der

Regel eine starke bis extrem sexuelle Attraktion füreinander entwickeln. Der Druck, solche Attraktionen durch ein sexuelles Zusammensein zu konsumieren, mag enorm sein. Ich vermute, daß jene, die im Bereich der Therapie tätig sind und Steine auf einen Therapeuten werfen, der eine sexuelle Beziehung mit einem Patienten hatte, zu jenen gehören, die nicht diese Liebe in der therapeutischen Beziehung zum Ausdruck bringen und von daher kein wirkliches Verständnis für den enormen Druck aufbringen, der bei einer solchen Beziehung vorhanden ist."

Bei Überlegungen, die eine sexuelle Beziehung des Therapeuten oder auch des Seelsorgers mit der Ratsuchenden für möglich, gar hilfreich halten, wird, so scheint mir, oft die Macht echter sexueller Beziehung nicht angemessen berücksichtigt. Es kann sich ja dabei nicht nur um ein oberflächliches Berühren, wie ein kurzer Besuch der Biene bei einer Blüte handeln. Es kann sich doch auch nicht um eine kurzatmige Romanze handeln, die über die Stunden des Zusammenseins hinaus ohne Wirkung ist. Gesetzt den Fall, daß das sexuelle Zusammensein darauf reduziert werden kann, welche therapeutische Wirkung sollte dann von ihm ausgehen?

Es geht in diesem Zusammenhang nicht darum, den zu verurteilen, der den Vorbehalt einer „als-ob"-Beziehung aufgibt und den therapeutischen und seelsorglichen Rahmen verläßt. Oft wird gerade er der besonderen Hilfe bedürfen. Wem, so mag man hier auch fragen, werden die meisten Sünden vergeben? Bei Lukas (7,47) heißt es: „Ihr sind ihre vielen Sünden vergeben, weil sie (mir) so viel Liebe gezeigt hat. Wem aber nur wenig vergeben wird, der zeigt auch nur wenig Liebe." Die Bereitschaft, sich in der beraterischen Situation wirklich auf die andere Person einzulassen, ist risikoreich. Die Alternative kann nicht darin bestehen, weniger zu lieben. Durchbreche ich den beraterischen Rahmen, ist das Arbeiten an den Voraussetzungen für eine intensive Beratung, z. B. dem Feststehen im Selbst, vonnöten, die ein sich totales Einlassen in die andere Person möglich machen, ohne sich dabei zu verlieren.

Es kann aber auf der anderen Seite nicht angehen, ein solches Verhalten z. B. mit dem Hinweis auf den Dichter, der offensichtlich in einer anderen Welt lebt, geradezu zu glorifizieren, ja, es in eine Sphäre zu tauchen, die vor lauter Ästhetik und Romantik das wirklich Fragwürdige, mitunter Brutale, in seiner Auswirkung sehr wohl auch Zerstörerische, ja das zutiefst potentiell Untreue, Unverantwortliche und mitunter auch Unreife eines solchen Verhaltens übersieht. Hier wird möglicherweise sehr schnell der Boden geebnet für die sogenannte heilige Liebe, die zurechtgerückt, sich in Wirklichkeit als unheilig entpuppt, da sie vor der Wirklichkeit, dem Alltag, nicht Bestand hat. Empathie zeigt sich nicht nur im unendlich erscheinenden, grenzenlosen Raum des Innerseelischen und Mystischen. Sie zeigt sich nicht nur im geistlichen, geistigen und körperlichen Einswerden. Sie zeigt sich auch – und erst dann kann einem zugesprochen werden, empathisch zu sein – in der Fähigkeit, sich einfühlen zu können in das, was ich mit diesem Verhalten mir, und den Mitmenschen, darunter auch meinem Partner oder meiner Partnerin, meinen Freunden und Freundinnen, meinen Verwandten, meinen Kolleginnen und Kollegen und Gott antue.
Wer jemals erfahren hat, wieviel Brutalität, Haß, Zerstörerisches ans Tageslicht kommt, wenn der als heilig erklärten Liebe der Zauber genommen wird und sie vor der Wirklichkeit bestehen muß, der wird sich von dem Glanz dieser Liebe nicht so blenden lassen, daß er dabei ihre Schattenseiten nicht mehr sieht. Auch eine anscheinend über alles erhabene Liebe, die eingegangene Verpflichtungen verletzt, kann mich schuldig machen, unabhängig davon, ob ich Bankangestellter, Dichter, Therapeut oder Seelsorger bin. Sie ist dann nicht ein abgeschlossener, heiliger Raum, der seine eigenen Normen kennt und deshalb gegenüber dem „draußen“ keine Verantwortung hat. Man mag sich – für sich – in diesem abgesteckten, nach außen abgeschlossenen Bezirk arrangieren, ja schuld-los fühlen. Doch das ist ein Trugschluß. Hier gilt, was Mar-

tin Buber (in: Trüb 1951, 12) über jene Frau schreibt, die „einer anderen den Mann nahm, später selber das gleiche Los erlitt und sich nun ‚in die Seele verkroch'", heimgesucht und zerrüttet von unbestimmten Qualen. Die ‚Heilung' durch einen Analytiker gelang so gründlich „daß die Pein völlig aufhörte, die Patientin ‚aus der Seele hervorkam' und... ihr Leben fort- und ablebte: Jene unablässige schmerzensreiche Mahnung an das Ungesühnte, an das gestörte und zurechtzuschaffende Verhältnis zum Sein war ausgetilgt. Ich nenne diese erfolgreiche Kur die Auswechselung des Herzens. Das zu restloser Zufriedenheit funktionierende Kunstherz tut nicht mehr weh; das vermag nur eins von Fleisch und Blut."
Auch das Entrückte, das anscheinend von allem Gegenständlichen, Kategorischen Entbundene, anscheind total Empathische, kann nicht von den sonstigen Bezügen isoliert werden, sondern wird mit der mitunter harten Wirklichkeit konfrontiert – übrigens die einzige Chance, um der Versteinerung zu entgehen und mit dem wahren Leben in Kontakt zu bleiben. Vor ihr, „der Luft der Welt", gilt es zu bestehen. „Hier draußen, in der Unmittelbarkeit des menschlichen Gegenüberseins" wird es sich entscheiden, ob das Entrückte, das anscheinend total Empathische hält oder zerstört.

b. Die Gefahr, von der Liebe versengt zu werden

Die Empathie des Seelsorgers und der Psychotherapeutin unterscheidet sich von der Empathie aus anthropologischer und poetischer Sichtweise darin, daß sie begrenzt ist, daß Therapeut und Seelsorgerin sich genau an dem Punkt, der sie wegtragen könnte von ihrem therapeutischen bzw. seelsorglichen Auftrag, sich an ihrem Seil hochziehen, um nicht zu verbrennen. Darin besteht die „Kunst" der Therapie. Daß das eine Fähigkeit verlangt, die einem nicht gleich in die Wiege gelegt wird, hat Sigmund Freud erkannt, wenn er Goethes Faust zitierend: „Bist mit dem Teufel du und du und willst dich vor der Flamme scheuen?“, vermerkt, daß eine der Berufsgefahren des Analytikers darin besteht, von der Liebe, mit der Analytiker und Therapeut operieren, versengt zu werden. Wehe dem Seelsorger, der sich ohne Seil auf eine dichte und seelsorgliche Begegnung einläßt, d. h. der sich nicht kennt, die Dynamik einer echten, tiefen seelsorglichen Begegnung unterschätzt und die Regeln einer Sonderform von Begegnung, wie sie auch die seelsorgliche Begegnung darstellen kann, außer acht läßt.

Zu einem Pastor, der über 20 Jahre verheiratet war und zwei Söhne hatte, kam eine Frau seiner Gemeinde zur Beratung. Die Frau war nach einer Scheidung in einer sehr schwierigen seelischen Situation. Der Pastor besaß weder die Ausbildung noch die notwendige Distanz, um mit dieser Situation angemessen umgehen zu können. Die Frau rief den Pastor jeden Tag an, um von ihm Trost und Bestätigung zu erfahren. Schließlich rief er *sie jeden Tag an, um sein Interesse für sie zum Ausdruck zu bringen. Sie trafen sich gelegentlich, später häufig, zum Kaffee. Dann trafen sie sich zum Mittagessen. Drohungen der Frau, sich das Leben zu nehmen, veranlaßten ihn, immer wieder sehr schnell zu ihr zu kommen – bei Tag und bei Nacht. Ging es ihm anfänglich lediglich darum, sein Interesse an ihr und ihrer Situation zu bekunden, so zeigte er zunehmend seine Gefühle, die er für sie als Frau empfand, bis dahin, daß sie miteinander schliefen.*

Der Seelsorger mittleren Alters, der von seinem Beruf enttäuscht ist, ist nach einer Untersuchung der „Wisconsin Coalition on Sexual Misconduct“ besonders stark anfällig für sexuelle Beziehungen mit Ratsuchenden. Er vernachlässigt seine Ehe und meidet den Kontakt zu seinen Kollegen und Mitbrüdern. Schließlich trifft er auf eine Frau, die ihn braucht.
Nach Auffassung von Prof. Glenn Gebbard (vgl. Newsweek 1989, 59) beginnen viele Seelsorger ihren Beruf aus der Sehnsucht her-

aus, geliebt und idealisiert zu werden, Gott ähnlich zu sein. Zunehmend machen sie aber die Erfahrung, daß sie statt idealisiert zu werden, von der Gemeinde auf ihre Fehler aufmerksam gemacht werden. Dann kommt eine junge Frau, um einen Rat zu erfragen. Der Seelsorger findet sie anziehend, sein ursprünglicher Wunsch, wie Gott geliebt zu werden, wird durch sie erfüllt. Weiter meint Prof. Gebbard: Je mehr ein Seelsorger seine Person als zentral für die Verkündigung von Gottes Botschaft erachtet, desto anfälliger wird er dafür, sich sexuell mit Gemeindemitgliedern einzulassen. Nach diesem Bericht von Newsweek (a a O.) sind Seeslorger überhaupt besonders anfällig für sexuelle Kontakte mit Mitarbeiterinnen und weiblichen Gemeindemitgliedern, da die meisten ihrer ehrenamtlichen Mitarbeiter Frauen sind und die Seelsorger zu der einzigen Berufsgruppe mit ihrem Ausbildungsniveau gehören, die Hausbesuche machen. Als weiterer Grund wird genannt, daß viele Seelsorger ausgelaugte Workoholiker sind. „Sie sind immer ausgesetzt, immer verfügbar", meint der Sexualforscher Patrick Carnes. Das aber „macht sie sehr anfällig für ein Doppelleben".

Die sexuelle Begegnung kann zu einer Ausdrucksform von Umfassung werden. Sie kann gleichsam eine Spielwiese von Umfassung sein. In ihr kann die bewußtgemachte geschöpfliche Verbundenheit zweier Menschen, die für sie als füreinander geschaffene Verbundenheit erkannt wird, besiegelt und in der Zeugung eines neuen Menschen wahrhaft inkarniert werden.

Der Psychotherapie kommt die Aufgabe zu, mit den Boden zu bereiten, auf dem dann auch die sexuelle Beziehung mit dem dafür bestimmten Menschen als Umfassung erlebt und vollzogen werden kann. Diese Früchte zu kosten stehen dem Therapeuten und Seelsorger in ihren therapeutischen und seelsorglichen Beziehungen nicht zu. Sie steht denen zu, die bereit sind, die füreinander bewußt gewordene geschöpfliche Verbundenheit – die dank der Hilfe des Therapeuten oder Seelsorgers erst möglich wurde – in guten und in schlechten Tagen, wo sie Lust und wo sie Frust bedeu-

tet, wo sie als himmlisch und wo sie als steinig erlebt wird, heute und morgen zu leben.
Aus einer solchen Sicht wird deutlich, wie eine Überschreitung der Grenzen durch den Therapeuten bzw. Seelsorger eine Entwertung der fundamentalen Bedeutung der Sexualität gleichkommt. Geschöpflich zutiefst verwoben wirkt sie in die Tiefe, in die Breite und in die Höhe, ist sie ein Eingreifen in die Schöpfung, im Guten wie im Bösen.

3. Du wurdest Mensch und bliebst zugleich Gott

> Um effektiv auf eine Strömung des Lebens einwirken zu können... muß man selbst zu dieser Strömung gehören... – Nur ein Mensch kann sich unter Menschen Gehör verschaffen.
>
> *P. Teilhard de Chardin*

Gott ist mit uns hinabgegangen in das anscheinend endgültige Aus, in den Abgrund des Nichts – in den jeder Mensch steigen muß im Tod und im Leben, wenn er bereit ist, mit seinem wesentlichen Seinsgehalt, seinem Urgrund, seinem Boden in Berührung zu kommen. Doch wie für den Begleiter, die Seelsorgerin, den Therapeuten dieser Einsatz nur möglich ist, wenn er oder sie „seiner Personalität eingedenk, am Seil einer höheren Bewußtheit, sich in den Abgrund zum andern hinabläßt“ (von Gebsattel 1952) so konnte Jesus seinen Einsatz nur leisten, *für* uns leisten, da er immer mit seinem göttlichen Sein verbunden blieb, auch wo er als Mensch in seiner Totalhingabe am Kreuz diesen Kontakt nicht mehr spürte („Mein Gott, mein Gott, warum hast du mich verlassen?“), die sonst als ständig gegenwärtig erfahrene Umfassung mit

Gott, die Identifikation mit ihm („Ich und der Vater sind eins"), fehlte.
Ja, vielleicht war in diesem Moment auch der Strick gerissen, der ihn mit dem göttlichen Pol verband, so weit war er in seinem Tod auf die Menschen zugegangen, so sehr bereit und beseelt davon, wirklich radikal den Weg der Menschen zu gehen. Auch, weil zu sterben natürlich heißt, daß das Seil reißt, daß es keine Verbindung und Absicherung mehr gibt. Ja, daß im Tod und im Leben wirklich gestorben werden muß, um nach dem Tod und im Leben leben zu können. Und doch war es auch im radikal vollzogenen, wirklichen Tod Jesu not-wendig, daß es nicht bei diesem Tod blieb, sondern in der Auferstehung des toten Jesus die göttliche Seite sich wieder ins Spiel brachte, die Umfassung wieder ins „richtige" Lot kam.

Dein Verlangen, uns zu verstehen, uns wirklich kennenzulernen, auch im Sinne von jadah, war so stark, daß Du selbst Mensch geworden bist. Das ist eigentlich unbegreiflich. Und doch: Es kann eigentlich gar nicht anders sein. Um wirklich in Umfassung mit uns Menschen treten zu können, um wirklich diesen Graben zwischen Dir und uns überwinden zu können, mußtest Du Mensch werden. Weil Du nicht aufgehst im Universum, in der Materie – so sehr Du auch darin zum Ausdruck kommen kannst, sie zumindest nicht losgelöst von Dir zu sehen sind – mußtest Du Fleisch annehmen. Oder kann man auch sagen, da Du ja die ganze Schöpfung umfängst, mit allem Geschöpflichen in Beziehung trittst, dabei auch zu allem Geschöpflichen wirst, zumindest in der Lage bist und so beschaffen bist, daß Du mit ihm in Beziehung treten kannst, mußtest Du auch Mensch werden, zumindest so beschaffen, um mit ihm, dem Menschen, in Kontakt, in Beziehung treten zu können?
Du wurdest Mensch und bliebst zugleich Gott. Du warst und bist in der Lage, ganz einzutauchen in uns, uns wirklich gleich zu werden, uns wirklich zu erkennen, in allem, was uns ausmacht. Du kannst

dabei auch „vergessen", daß Du Gott bist, so sehr magst Du für Momente aufgehen in Deinem Verlangen, einfach bei uns, bei dem, was mich im Moment bewegt, bedrängt, beglückt, zu sein. Du kannst das, weil Du keine Angst haben mußt, aus Deinem Gott-Sein herauszufallen. Plötzlich aufzugehen in unserem, meinem, dem Mensch-Sein. Und auch dann, als Du selbst davor nicht zurückgeschreckt bist, im Sterben uns Menschen gleich zu sein, Du auch diesen letzten Weg gegangen bist, Deinen Weg als Mensch und zugleich Ausdruck Deiner absoluten Empathie, Einfühlung und darin Umfassung mit uns Menschen, bist Du diesen Weg ganz und gar gegangen ohne Einschränkung, bis zum Ende. Du bist zugleich diesen Weg mit *uns und* für *uns gegangen.*

Du gehst diesen Weg mit uns, hältst mit uns die Angst aus, die sich dabei breitmacht. Du gehst ihn mit uns, damit wir ihn überhaupt gehen, damit wir nicht umkehren, auf halbem Weg stehenbleiben. Du gehst ihn mit uns, weil er, so sehr er unseren Schmerz vertieft, ja weil er das tut, uns zur Erlösung, zur Auferstehung führt. Du bist in den Tod gegangen, ganz Mensch, totale Empathie. Doch so sehr das Dein Tod, Dein Tod für uns, Deine totale Identifikation mit uns war und ist, Du warst und bist zugleich auch Gott. Diese göttliche Seite hast Du nie verlassen, so sehr Du Dich auch hinabgeneigt hast zu uns Menschen, in allem uns gleich wurdest außer der Sünde.

V. EMPATHIE MIT DER SCHÖPFUNG, DEN GESCHÖPFEN UND DEM SCHÖPFER

Die Schöpfung ist keine Hürde auf der Bahn zu Gott, sie ist diese Bahn selbst. Wir sind miteinander erschaffen und auf ein Miteinander zu. Die Geschöpfe sind mir in den Weg gestellt, damit ich, ihr Mitgeschöpf, durch sie und mit ihnen zu Gott finde.

Martin Buber

1. Umfassung mit der Schöpfung

Die Kreaturen regen sich uns gegenüber, aber sie vermögen nicht zu uns zu kommen, und unser Du-Sagen zu ihnen haftet an der Schwelle der Sprache.

Martin Buber

Durch Einfühlen werde ich meiner Verbundenheit mit der Schöpfung gewärtig. Bei der folgenden Betrachtung eines Baumes (vgl. Buber 1983, 13f.) wird deutlich, wie schlagartig der Wechsel von der objektiven Betrachtung des Baumes hin zur Umfassung mit dem Baum vor sich gehen kann.

„Ich betrachte einen Baum.
Ich kann ihn als Bild aufnehmen: starrender Pfeiler im Anprall des Lichts, oder das spritzende Gegrün von der Sanftmut des blauen Grundsilbers durchflossen.

Ich kann ihn als Bewegung verspüren: das blutende Geäder am haftenden und strebenden Kern, Saugen der Wurzeln, Atmen der Blätter, unendlicher Verkehr mit Erde und Luft – und das dunkle Wachsen selber.
Ich kann ihn einer Gattung einreihen und als Exemplar beobachten, auf Bau und Lebensweise.
Ich kann seine Diesmaligkeit und Geformtheit so hart überwinden, daß ich ihn nur noch als Ausdruck des Gesetzes erkenne – der Gesetze, nach denen ein stetes Gegeneinander von Kräften sich stetig schlichtet, oder der Gesetze, nach denen die Stoffe sich mischen und entmischen.
Ich kann ihn zur Zahl, zum reinen Zahlenverhältnis verflüchtigen und verewigen.
In all dem bleibt der Baum mein Gegenstand und hat seinen Platz und seine Frist, seine Art und Beschaffenheit.
Es kann aber auch geschehen, aus Willen und Gnade in einem, daß ich, den Baum betrachtend, in die Beziehung zu ihm eingefaßt werde, und nun ist er kein Es mehr. Die Macht der Ausschließlichkeit hat mich ergriffen.
Dazu tut nicht not, daß ich auf irgendeine der Weisen meiner Betrachtung verzichte. Es gibt nichts, wovon ich absehen müßte, um zu sehen, und kein Wissen, das ich zu vergessen hätte. Vielmehr ist alles, Bild und Bewegung, Gattung und Exemplar, Gesetz und Zahl, mit darin, ununterscheidbar vereinigt.
Alles, was dem Baum zugehört, ist mit darin, seine Form und seine Mechanik, seine Farbe und seine Chemie, seine Unterredung mit den Elementen und seine Unterredung mit den Gestirnen, und alles in einer Ganzheit.
Kein Eindruck ist der Baum, kein Spiel meiner Vorstellung, kein Stimmungswert, sondern er lebt mir gegenüber und hat mit mir zu schaffen, wie ich mit ihm – nur anders.
Man suche den Sinn der Beziehung nicht zu entkräften: Beziehung ist Gegenseitigkeit.

So hätte er denn ein Bewußtsein, der Baum, dem unsern ähnlich? Ich erfahre es nicht. Aber wollt ihr wieder, weil es euch an euch geglückt scheint, das Unzerlegbare zerlegen? Mir begegnet keine Seele des Baums und keine Dryade, sondern er selber."

2. Umfassung mit den Mitgeschöpfen

> Stehe ich einem Menschen als meinem Du gegenüber, spreche ich das Grundwort Ich-Du zu ihm, ist er kein Ding unter Dingen und nicht aus Dingen bestehend.
>
> *Martin Buber*

Ich trete in Beziehung zu meinem Mitmenschen, wenn ich mir meiner Verbundenheit, meiner geschöpflichen Verbundenheit mit ihm bewußt bin und in diesem Bewußtsein ihm begegne. Er ist dann nicht mehr irgendeiner, der, mich kaltlassend, an mir vorbeizieht, sondern einer, mit dem mich etwas verbindet. Er war auch, bevor ich mir diese Verbundenheit bewußt machte, mit mir verbunden. Doch indem ich mir diese Verbundenheit bewußt mache, nehme *ich* das eigentlich schon immer Gewesene in die Hand, wird aus dem *Es,* das immer schon gewesen ist, etwas, das mit mir und dir, mit Ich und Du, zu tun hat.
Das ist Umfassung: Mich des anderen Menschen und unserer geschöpflichen Verbundenheit zu vergegenwärtigen und dabei Verbindung herzustellen zu dem, der, so mag es zunächst scheinen, mit mir nichts zu tun hat, möglicherweise achtlos an mir vorbeigeht. Er mag auch jetzt an mir vorbeigehen, sich nicht um mich kümmern, an mir kein Interesse finden. Sobald ich aber umfasse, ihn als mein Mitgeschöpf sehe, ist er *mir* nicht länger egal.

Oder aber er spürt, daß ich mich seiner vergegenwärtige und sich meine innere Wachheit auf ihn ausrichtet, daß ich – und sei es nur für einen Moment – ihn umfasse und darin unsere geschöpfliche Verbundenheit vollziehe. Und er erwidert meine Umfassung, indem auch er mich umfaßt. „Keine Fabrik und kein Büro ist so schöpfungsverlassen", schreibt Martin Buber (1984, 192), „daß nicht von Arbeitsplatz zu Arbeitsplatz, von Schreibtisch zu Schreibtisch ein geschöpflicher Blick auffliegen könnte, nüchtern und brüderlich, der die Wirksamkeit der geschehenden Schöpfung verbürgt ... Und nichts ist so sehr ein Dienst an der Zwiesprache zwischen Gott und Mensch, wie solch ein unsentimentaler und unromantischer Blicktausch zwischen Menschen im Fremdraum."

Ist es schon im alltäglichen Leben eher die Ausnahme, daß sich Menschen – und sei es nur für Sekunden oder Minuten – im Bewußtsein ihrer geschöpflichen Verbundenheit begegnen, ist es also schon daher eher die Ausnahme, wo nicht mehr als ein *innerer* Akt notwendig ist, um die Umfassung zu und mit einem anderen Menschen, Mitgeschöpf, herstellen zu können, um wieviel mehr noch geht die Bereitschaft, sich auf die Umfassung mit dem Mitmenschen einzulassen ab, wo das Bewußtsein der geschöpflichen Verbundenheit von mir, vom einzelnen, Konsequenzen, mitunter radikale Konsequenzen verlangt.

Mitgeschöpflich mit mir verbunden, das sind ja auch die anderen, jene, die mir mitunter nicht liegen, die weit weg sind. Es sind die Ausländer, die Skinheads, die Kommunisten und Republikaner, die Schwerreichen, die Armen und Hungernden. Das Bewußtsein unserer geschöpflichen Verbundenheit, die Bereitschaft, auch sie zu umfassen, kann sehr schnell an Grenzen kommen, denn sie zu umfassen, bereit zu sein, den Graben, der uns trennt, durch Umfassung zu überwinden, kann (muß?) folgen-schwer sein. Ich kann sie nicht mehr außer acht lassen. Ich kann sie nicht mehr einfach links liegen lassen, ich kann mich nicht mehr einfach vor ihnen, was sie berührt, wonach sie verlangen, verschließen. Also, laß ich lieber den Graben bestehen, der uns trennt.

Ich gehe durch die vorweihnachtliche Innenstadt von Freiburg. Ich schaue bewußt die Menschen an, im Bewußtsein unserer geschöpflichen Verbundenheit. Da mich niemand anschaut, wird mein Blick nicht erwidert, bleiben wir getrennt, ereignet sich nicht Umfassung, zumindest wird sie nicht vollzogen, so sehr ich mir ihrer auch bewußt bin und sie, wenn auch nicht direkt und unmittelbar vollzogen, wie ein Fundament spüre.
Da, das Gesicht kenne ich. Ist es Prof... Nein, jetzt ist es mir klar. Es ist Ernst Benda, der ehemalige Innenminister und Präsident des Bundesverfassungsgerichtes. Und schon ist er vorbei. Ich bin ihm bisher noch nicht auf der Straße begegnet, kenne ihn nur vom Fernsehen. D. h. ich bin ihm auch jetzt nicht begegnet. Wir sind aneinander vorbeigelaufen. Der Graben zwischen uns bleibt.
Später treffe ich einen Bekannten. Inmitten der vorweihnachtlichen Hektik schaffen wir uns einen Raum, nehmen wir miteinander Kontakt auf, tauschen wir uns über berufliche und persönliche Ereignisse und Erfahrungen aus. Ich denke in diesem Moment nicht daran, mit diesem Bekannten geschöpflich verbunden zu sein. Die Umfassung mit ihm stellt sich wie von selbst ein. Es gab sie ja schon. Jetzt nicht nur in diesem grundsätzlichen Sinn, sondern auch in diesem besonderen Sinn, in dem bereits vorher die grundsätzliche Umfassung durch unsere früheren Begegnungen konkretisiert, umgesetzt worden ist.
Später treffe ich in der Buchhandlung den Bankangestellten meiner Bank. Zum ersten Mal – und er steht schon seit vielen Jahren hinter der Glaswand der Kasse – gebe ich ihm die Hand und tausche mit ihm ein persönliches Wort aus. Wir sind uns in diesem Moment sicher nicht unserer geschöpflichen Verbundenheit bewußt. Aber es steht dieses Mal nicht nur nicht die Glaswand zwischen uns. Der Graben, der auch bei unserem Austausch in der Bank in der Regel tiefer und breiter ist und mehr Distanz schafft als eine Glaswand, wird jetzt – we-

nigstens für Momente – überwunden. Es sind Momente, in denen wir – so Martin Buber – jeweils zum anderen ausgehen, zu ihm hingelangen und bei ihm verweilen.

Durch die Einfühlung werde ich der Umfassung mit den Mit-Geschöpfen gewärtig. Über das Einfühlen dringe ich so tief in eine andere Person ein, ja einverleibe ich sie mir, daß wir zu einem werden. Zu einem, ohne dabei unsere Identität zu verlieren. Zu einem in dem Sinne, daß wir unserer geschöpflichen Verbundenheit gewärtig werden und uns nicht länger als Fremde, gar als Sachen gegenüber stehen, sondern wie Brüder und Schwestern, ich Dir, Du mir.

3. Umfassung mit meinem Selbst

> Freilich muß man, um zum Andern ausgehen zu können, den Ausgangspunkt innehaben, man muß bei sich gewesen sein, bei sich sein.
>
> *Martin Buber*

Will ich dem Mitmenschen begegnen im Bewußtsein unserer geschöpflichen Verbundenheit, will ich ihn nicht nur anschauen, einen Blick auf ihn werfen, sondern bei mir anhalten und mich von der Wahrheit treffen lassen, daß ich mit diesem Menschen auf eine ganz tiefe Weise verbunden bin, dann muß bei mir bereits eine Tiefe vorhanden sein, beziehungsweise ich mir dieser Tiefe bewußt sein. Diese Tiefe macht es mir überhaupt erst möglich, zu erfassen, oder zumindest zu erahnen, was es heißt, den anderen nicht nur mit einem Blick zu streifen, ihn nicht nur äußerlich zu erfassen, sondern von innen her zu umfassen, von etwas, das mein Wesen ausmacht.

Ich muß meiner selbst inne geworden sein, muß den heiligen und mitunter schrecklichen Schauer, der mit der Entdeckung oder der Erahnung meines eigentlichen Seins einhergeht, erfahren haben. Ich muß von der Unergründlichkeit, dem unendlichen Geheimnis meines Seins ergriffen worden sein. Ich muß dieses Geheimnis nicht gelüftet haben, ich muß es nur als solches erfaßt, erspürt, erfahren haben. Ich muß mir selbst empathisch so begegnet sein, schauend, kontemplativ, wach und sensibel für alles in mir, daß in dieser empathischen Begegnung mit mir, meinem tiefsten Wesen, dieses Wesen mir gegenübertritt, wie wenn es aus einer unergründlichen Tiefe entbunden würde. Nicht, daß ich dieses Wesen jetzt ganz durchschauen und erfassen könnte. Ich erkenne es als etwas, das zu mir gehört. Ich erkenne es im Sinne von *jadah.* Ich erlebe, erspüre, erahne, erfahre es als das letztlich Unerlebbare, Unerspürbare, Unerahnbare, Unerfaßbare. Ich komme mit dem Geheimnis in mir in Berührung. Ich erlebe mich als Geheimnis.
Um einem andern Menschen wesentlich begegnen zu können, muß ich mit jener tiefen Schicht in mir in Kontakt gekommen sein, die unter dem Graben liegt, der mich von mir und der uns trennt. Ich muß mit jener Tiefe in Berührung gekommen sein, die uns allen gemeinsam ist, und die bei aller Verschiedenheit und Vielfalt unsere gemeinsame Basis ausmacht, und die mich überhaupt erst unsere geschöpfliche Verbundenheit erahnen und erfahren läßt. Die Erfahrung des Wunders menschlicher und göttlicher Umfassung ist erst möglich, wenn ich zu diesem Grund in mir vorgestoßen bin, ihn immer wieder erfahre und erahne.

Luise Rinser erzählt von Karl Rahner, daß er bereits zehn Jahre vor seinem Tod sich nach seinem Tod sehnte, weil er es endlich, wie er es sagte, wissen wollte. Hier wird für mich auch etwas deutlich von unserer Beschränktheit, letztlich mit dem, was unser Wesen ausmacht, in Berührung zu kommen. Es bleibt dem Tage unseres Todes vorbehalten. Das allerdings kann uns nicht daran hindern, jetzt schon entprechend unserem Vermögen und Können mit dem geheimnisvollen Grund unseres Wesens in Berührung zu kommen, ihn zu erahnen, ihm zu begegnen, ihn als Teil von uns zu erfahren. „Von dem menschlichen Privileg Gebrauch zu machen, sich selbst gegenüberzutreten, und sich selbst unvoreingenommen wahrzunehmen" (Stenger 1989), ist dabei kein harmloses Spiel. Denn es ist eine Begegnung „mit all den ‚guten' Seiten, aber auch mit den dunklen, unheimlichen, die da am Werk sind".

Bernhard von Clairvaux (1990, 43) schreibt an Papst Eugenius: „Wenn du dich selbst nicht kennst, gleichst du jemandem, der ohne Fundamente eine Ruine statt eines Gebäudes errichtete. Alles, was du außerhalb deinerselbst aufrichtest, wird wie ein Staubhaufen sein, der dem Wind preisgegeben ist. Keiner ist also weise, der nicht über sich selbst Bescheid weiß. Ein Weiser wird in Weisheit über sich selbst Bescheid wissen und trinkt als erster aus dem Quell seiner eigenen Wasser."

4. Seelsorge als Ausdruck und Feier der geschöpflichen Verbundenheit mit den Mitgeschöpfen und dem Schöpfer

> Hinter allen Zerrissenheiten, allen neurotischen Bindungen, allen Illusionen des Macht- und Geltungswillens, aller Selbstverhaftung und aller haltlosen Weltläufigkeit wartet – auf jeden – der ewige Seinsgrund des Menschen.
>
> *nach Viktor E. von Gebsattel*

Als Seelsorger will ich den Menschen ihr Umfaßt-Sein bewußt machen, beziehungsweise ihnen helfen, wieder in die vielleicht verlorengegangene Umfassung hineinzugelangen. Ich selbst begegne ihnen in dem Bewußtsein unserer geschöpflichen Verbundenheit. Ob ich predige, taufe, unterrichte, berate, Gottesdienst feiere – ich tue es nicht ins Leere hinein, für eine Menge, gar eine Masse. Ich vollziehe es auch nicht einfach. Ich tue es nicht, ohne mich vorher der Menschen, mit denen ich bin und für die ich da bin, vergegenwärtigt zu haben, ohne mit ihnen innerlich in Kontakt getreten zu sein.

Als Seelsorger bin ich *für* die anderen da. Ich will nicht mich oder irgendeine Sache verkaufen. Ich will anderen Menschen wesentlich begegnen – nicht für mich, nicht für irgendeine Sache, für irgendeine Institution, auch nicht für irgendeine Kirche. Ich will *für* sie da sein, zu ihrem Segen und zu ihrem Heil. Dieses Für-sie-da-Sein leitet mich in meiner seelsorglichen Begegnung. Es leitet mich auch in meinem Bemühen, den Mitmenschen zu verstehen, ihm nahe zu sein, ihn zu umfassen. Dieses selbstlose Bemühen, den anderen um *seines* Wohlergehen und Heiles willen empathisch zu begegnen, sich mit ihm zu identifizieren, indem ich ihm beistehe, macht meine Empathie zu einem spirituellen Geschehen (vgl. Katz 1963, 190).

„Ich kenne Leute", sagt Martin Buber (1984, 168), „die in der ‚sozialen Tätigkeit' aufgehen und nie mit einem Menschen von Wesen zu Wesen geredet haben." Ein Seelsorger, der in seiner seelsorglichen Tätigkeit aufgeht, ohne dabei dem Mitmenschen von Wesen zu Wesen zu begegnen, dreht sich im Kreis, wird nie ans Ziel gelangen. Er umgeht die Umfassung, das Zum-anderen-Gelangen, Bei-ihm-Ankommen, Bei-ihm-Verweilen. Seine Seelsorge greift nicht. Sie läuft ins Leere. Sie ist wie ein Faß ohne Boden, da ihr die Substanz – und das ist Umfassung – abgeht, mag sich der Seelsorger anscheinend auch noch so sehr anstrengen.

Dabei will ja gerade der Seelsorger sich nicht im Kreise drehen und außerhalb bleiben. Er will eintreten in die Umfassung mit den Menschen. Er will durch sein Da-Sein, wie es sich in seiner Existenz, seiner Anwesenheit, seinem Tun, seinem Denken, seinem Fühlen und Sagen zum Ausdruck bringt, die geschöpfliche Verbundenheit, die ihn mit den Mitmenschen verbindet, leben. Dabei will er auch und in besonderer Weise auf die geschöpfliche Verbundenheit mit dem Schöpfer hinweisen, *sie* herausstellen und feiern. Da der Seelsorger bemüht ist, der geschöpflichen Verbundenheit mit seinem Schöpfer gewärtig zu sein, sie sich immer wieder wachzuhalten, sie zu pflegen und aus ihr heraus zu leben, wird seine seelsorgliche Begegnung mit den Menschen vom Bewußtsein dieser geschöpflichen Verbundenheit geprägt sein. Diese Verbundenheit ist anwesend, auch wenn der Ratsuchende, der den Weg zum Seelsorger gefunden hat, sich dieser Verbundenheit nicht bewußt ist, sie nicht erfährt.

Wie eine Therapeutin für die Ratsuchenden stellvertretend für die Welt zum konkreten Menschen werden kann, indem die „Welt beispielhaft die Gestalt liebender Zuwendung“ annehmen kann, „die das entmutigte und mißtrauisch gewordene Selbst des Patienten in seine ursprunghafte geschöpfliche Situation“ (Trüb 1951, 53) zurückbringen will, kann die Seelsorgerin zur Bewußtwerdung und Erfahrung der geschöpflichen Verbundenheit der Ratsuchenden mit ihrem Schöpfer beitragen. Sie kann das, wenn sie im Bewußtsein dieser Verbundenheit und dieser Erfahrung zum lebendigen Beispiel und Zeugnis dieser Verbundenheit wird. Sie gibt damit der Ratsuchenden Gelegenheit, mit ihrem eigenen Vermögen in Berührung und in Kontakt zu kommen, nämlich: die Umfassung mit Gott erspüren, in sie eintreten zu können.

Das eigentlich vorhandene Vermögen zur Umfassung, die tief im Menschen schlummernde Sehnsucht danach, werden, so verkümmert, so verschüttet sie auch sein mögen, durch die beständige Anwesenheit der Umfassung, wie sie der Seelsorger oder die Seelsorgerin in der Begegnung mit der andern Person zum Ausdruck bringt, geweckt und aufgerichtet. Es ist, als könnte sich die Sehnsucht nach Umfassung in der Erfahrung von Umfassung wieder daran erinnern, wonach sie strebt, als würde klar und deutlich erkannt, was sie bisher nur erahnte. Die geschöpfliche Verbundenheit mit dem Schöpfer, die immer schon da war und immer da sein wird, nimmt in der vom Seelsorger bewußt gemachten, gelebten und gefeierten Umfassung mit dem Schöpfer Fleisch an.

In der seelsorglichen Begegnung und Beratung hält der Seelsorger diese Umfassung aufrecht gegen alle Erfahrungen von Nicht-umfaßt-Sein, Heimatlosigkeit und Gottesferne, die ein Ratsuchender äußert und erlebt. Ohne dessen Erfahrungen abzuschwächen und zu verharmlosen, ja vielmehr in der totalen Bereitschaft, sich auf diese Erfahrungen einzulassen und in ihre mitunter sehr dunklen Tiefen hinabzusteigen, sie mit ihm zu teilen, bleibt der Seelsorger in Berührung mit seiner geschöpflichen Umfassung mit seinem Schöpfer. Seine mitmenschliche Umfassung, sein Auf-den-andern-Zugehen, Bei-ihm-Ankommen und Bei-ihm-Verweilen, ist dann auch Ausdruck der Umfassung des Schöpfers. Über den Seelsorger, dessen mitmenschliche Umfassung, kann der Ratsuchende zunehmend selbst in Berührung und Kontakt kommen mit seinem Schöpfer, kann er wieder „einklicken" in die von Gott her immer schon und für immer währende Umfassung mit ihm.

5. Die Erfahrung, umfasst zu sein, in der Beratung

> Der Prozeß der Heilung vollzieht sich faktisch nur, wenn das Verhältnis von Berater und Ratsuchendem ein echtes Partner-Geschehen ist. Der Heilungsprozeß vollzieht sich zwischen *diesem* Berater und diesem Ratsuchenden, in der Ganzheit ihres personhaften Gegenübertretens.
>
> *nach Hans Trüb*

Beratung und Therapie sind gleichsam eingebettet von dem Bewußtsein und der Erfahrung der geschöpflichen Verbundenheit. Jedenfalls bin ich als Therapeut innerlich voll anwesend – zumindest versuche ich das immer wieder –, innerlich wach auf den oder die Ratsuchende ausgerichtet, im bewußten Kontakt mit unserer geschöpflichen Verbundenheit. Mit dieser Einstellung und Haltung, mit dieser von mir ausgehenden Bewegung *umfasse* ich die andere Person, stelle ich die Verbindung zu ihr her, schaffe ich *zwischen* uns eine eigene Sphäre, einen eigenen Raum. Vermag ein „geschöpflicher Blick" zwischen Menschen in einem Fremdraum für Sekunden die Isolation zwischen ihnen aufzuheben und sich im Fremdraum eine kurze Umfassung zwischen den beiden wie eine Schneise Bahn brechen, – in der Intimität der Therapie ist diese Umfassung ständig anwesend. Zumindest ist das mein Ziel.
Das aber zeichnet den Raum der Therapie vor dem Raum des Alltags und dessen Fremdraum aus: die durch Umfassung bewußt gewordene und erfahrbare geschöpfliche Verbundenheit. Der in seinem Wachstum blockierte, der auf sich zurückgeworfene Mensch, darf in der Begegnung mit dem Therapeuten die Erfahrung seiner geschöpflichen Verbundenheit machen. Er, der den Kontakt zu *seinen* Wurzeln, zu *seinen* Mitgeschöpfen, *seiner* Schöpfung und *seinem* Schöpfer, verloren hat, der sich wie abgeschnitten von all dem erlebt, darf die Erfahrung machen: Da ist einer, der im vollen Bewußtsein unserer geschöpflichen Verbundenheit mir begegnet, der durch die Art seiner vollen Anwesenheit für mich diese Verbundenheit zum Ausdruck bringt.
Ohne sich aufzudrängen umfaßt eine Therapeutin die andere Person, bis die sich langsam und vorsichtig im sicheren Raum der Umfassung dehnt und streckt, bisher nicht Zugelassenes zuläßt, ins Stocken Geratenes wachsen läßt. Zunehmend wird sie dabei (wieder) in und außerhalb des Raumes der Therapie in Kontakt und in Berührung kommen mit ihrer geschöpflichen Verbundenheit, wieder die Erfahrung machen, von den Mitgeschöpfen, der

Schöpfung, dem Schöpfer umfaßt *und* selbst in der Lage zu sein, die Mitgeschöpfe, die Schöpfung und den Schöpfer zu umfassen. Auf sich zurückgeworfen wie die Person war, bedurfte sie der Erfahrung intensiver Umfassung, wie sie in der Sondersituation der beraterischen und therapeutischen Begegnung möglich ist, um die eigentlich vorhandene, aber verletzte, zerstörte und blockierte Fähigkeit, der geschöpflichen Verbundenheit gewahr zu werden, wieder zu erlangen. Die Erfahrung der Therapie, umfaßt zu sein, zumindest mit einem anderen Menschen geschöpflich verbunden zu sein, war dann wie ein warmes Anhauchen, das den anscheinend leblosen Körper wieder in Bewegung zu bringen vermag. Sie war vielleicht auch eine Herausforderung für die zurückgeworfene oder zurückgezogene Seele, die den Glauben an die geschöpfliche Verbundenheit verloren hatte und jetzt erfährt, daß es sie doch gibt. „Die diesen leidenden Menschen von seiner partnerischen Welt trennende Wand hat Risse und Löcher bekommen – Risse und Löcher, durch welche Lichtstrahlen hereindringen. Die hier durchstrahlende Welt scheint nun aber jene eigene, die sich der Leidende mit seinen seelischen Ausdrucksmitteln von innen her aufbaute, alsbald Lügen zu strafen. Im unverhofften Durchblick auf den für ihn bereitstehenden und ihn bejahenden Partner hier nimmt der Patient das ihn von seiner Mitwelt trennende innerseelische Kontinuum alsbald erstmals wahr. Er nimmt es wahr nicht nur als das störende Faktum, das es ist, sondern er entdeckt es zugleich – für Augenblicke wenigstens – in seiner von allen Introjektionen gereinigten, ausgesprochenen *seelischen* Qualität. Diese Entdeckung beeindruckt den Patienten tief. Und schon ist er begierig, dieses selbst geschaffene, seinem Leben mit der Welt im Wege stehende ‚unbewußte' Kontinuum mit Hilfe des Psychotherapeuten sich transparent zu machen und so die trennende Wand vollends abzutragen" (Trüb 1951, 95).

Die Aufgabe des Therapeuten findet ihren Abschluß, die Begegnung ihr Ende, wenn der Klient die Mauer, die ihn bis jetzt von der Erfahrung der mitgeschöpflichen Verbundenheit trennte, so weit abgetragen hat, daß er die mit dem Therapeuten erfahrene Umfassung auch mit anderen Menschen erfährt, bis sich schließlich „die Rückkehr ins Licht der existentiellen Wahrheit" (Gebsattel 1952) nahezu von selbst ereignet. Dann fühlt er sich wieder dazugehörig, ist er wie ein Wassertropfen Teil des Meeres, spürt er, mit dem Schöpfer, den Mitgeschöpfen, der Schöpfung verbunden zu sein, ihrer teilhaftig zu sein.

Therapeutin und Seelsorger begleiten den Menschen auf diesem Weg, zuweilen ermutigen sie ihn, diesen Weg zu gehen, indem sie mit ihm gehen, die Verzweiflung zu bestehen, indem sie sie teilen. Sie nehmen den Menschen bei der Hand, führen ihn zum Fenster, öffnen das Fenster und zeigen ihm, was draußen ist, „den ewigen Seinsgrund des Menschen, der – hinter allen Zerrissenheiten, allen neurotischen Bindungen, allen Illusionen des Macht- und Geltungswillens, aller Selbstverhaftung und aller haltlosen Weltläufigkeiten und schließlich hinter allen wissenschaftlichen Theorien – auf jeden wartet" (Gebsattel 1952).

6. Mein Du zu Dir gesprochen, reisst Dich aus dem Es

> . . . in einen Größeren als mich selbst einzutauchen und sich zu verlieren, . . . sich über das freuen, was über uns hinausgeht, über das, was wir wieder sehen und berühren können . . ."
>
> *P. Teilhard de Chardin*

Manche Liebesverzückungen anscheinend spiritueller Menschen, die zunächst den Eindruck erwecken mögen, als seien sie Ausdruck einer wirklich innigen, verbindlichen Beziehung zu Gott, einer Beziehung, von der der oder die so Sprechende tatsächlich durchdrungen ist, erweisen sich nicht selten als hohles Gerede, „als Ergötzen an den in nicht geahnter Fülle aktualisierten Möglichkeiten der eigenen Person“ (Buber 1984, 144).

Wir spüren in der Regel sehr schnell, ob jemand, wenn er von Gott und seiner (Liebes-)Beziehung zu ihm spricht, sich einfach produziert, lediglich fromm klingende Worte oder Sätze aneinander reiht, oder aber spricht wie einer – und sich dann auch entsprechend verhält –, der, und sei es nur anfanghaft, seiner Beziehung zum göttlichen Du gewärtig geworden ist. Ihm verschlägt es zunächst die Sprache. Er vermag allenfalls zu stammeln, stockend zu erzählen von dem, was ihm in diesem Moment geschieht, wenn die Kluft zwischen ihm und Gott in der Bewußtwerdung, der Erahnung, der Erfahrung der geschöpflichen Verbundenheit mit dem Schöpfer selbst, überwunden wird, „in einer echten Wandlung aus der Kommunikation“ eine Kommunion wird (Buber, 174).

Um Dich, meinen Gott, verstehen zu können, um die Umfassung mit Dir wirklich erfahren und kosten zu können, genügt es nicht, von Dir zu wissen. Um die Umfassung mit Dir und aus der Umfassung mit Dir leben zu können, muß ich Dich erkannt haben, im Sinne von jadah, Dir mit Leib und Seele begegnet sein. Dich zu erkennen vermag ich aber nur, wenn ich Dir so begegne wie dem Menschen, den ich aus ganzem Herzen liebe. Erst wenn ich Dich mit den Augen der Liebe sehe, mich Dir total öffne, ich mich gleichsam auf Dich hin ausdehne und wir uns vereinigen, vermag ich in Beziehung mit Dir zu treten, den uns trennenden Graben zu überwinden, den ich nicht zu überwinden vermag, solange ich es beim Reden über Dich, und sei es noch so gescheit, systematisch und dogmatisch korrekt, belasse.

Um mit Dir, meinem Gott, in Kontakt zu kommen, bedarf es meines Willens und meiner Bereitschaft, in Beziehung zu Dir zu treten. Ich richte mich innerlich aus auf Dich, tauche immer mehr ein in die Beziehung zu Dir. Ich sage Du zu Dir, manchmal ganz zaghaft, zitternd, voll Ehrfurcht, dann zärtlich, hingebungsvoll, verliebt, wieder ein andermal hart, erregt, voll Zorn. Dein Du zu mir gesprochen, macht es mir erst möglich, mein Du zu Dir zu sprechen, Dich dabei für mich zum Du zu machen. Dein Geist, dessen Liebe zu mir, bereitet den Weg meiner Liebe zu Dir. Erst meine durch Dich ermöglichte Liebe vermag Dich, Deine Tiefen zu erkennen, in sie vorzudringen, Dich zutiefst zu erleben und zu erfahren.

Dir, meinem Gott, begegne ich aber nicht nur in der Tiefe meiner Seele. Dies ist der Ort, an dem ich Deiner, Deiner Nähe besonders gewahr werde, Dich, Deine Nähe besonders stark spüre und erahne. Es ist der Ort, der meine Mitte ausmacht, meine Mitte, mein Zentrum, das von mir gespürt wird und auf das hin alles in mir sich verdichtet. Diese Mitte, mein Selbst, ist nicht abgetrennt von mir, meinem Ich, führt nicht von mir getrennt ein Eigenleben, ist nicht entrückt. Ich bin es selbst. Begegnest Du mir in meiner Mitte, begegnest Du mir.

Ich begegne Dir aber nicht nur in der Tiefe meiner Seele. Ich begegne Dir auch nicht nur in meinen Gebeten, in der Eucharistiefeier, in Momenten der mystischen Vereinigung mit Dir. Ich weiß nicht, was Deine Mitte ist, wo Du Dich am stärksten zum Ausdruck bringst, wo alles, was Dich ausmacht, sich verdichtet. Ich weiß aber, daß ich Dir begegne, wenn ich alles Geschaffene, von Dir Geschaffene, Deine Schöpfung als Teil von Dir betrachte und aus dieser Einstellung und Haltung heraus mich an Dich wende.

Mein Du, zu Dir gesprochen, reißt Dich für mich heraus aus dem Es, Du, mein Gott, wirst für mich zum lebendigen Gegenüber. Dann kann ich eigentlich nur noch offen sein für Dich, mich einlassen, mich ganz einlassen auf Dich, bereit, alles zuzulassen, was von Dir her kommt, ich von Dir erspüre und fühle, sich in mir in meinem Denken von Dir einnistet.

Du, ich sehe Dich nicht, jedenfalls nicht so, wie ich Dich erlebe, wenn ich Du zu Dir sage. Ich erahne Dich. Ich spüre, daß Du mich hörst. Mein Du versinkt nicht im Endlosen. Es kommt bei Dir an. Es erreicht Dich. Das aber ist wichtig für mich. Denn ich will von Dir ge-

hört werden. Ich will von Dir eine Resonanz haben, und sei es nur die, daß mein Du bei Dir angekommen ist.

Um in die Umfassung mit Gott treten zu können, muß auch er mich umfassen. Wie ich in diese Umfassung nur eintreten kann, wenn ich mich gegenüber Gott öffne, ihm in einer liebevollen Haltung begegne, bereit, mich mit ihm zu verbinden, so ist seine Offenheit, seine liebevolle Zuwendung für mich, seine Bereitschaft, sich mit mir zu vereinigen, Voraussetzung, daß es zur Umfassung zwischen uns kommt. Davon aber darf ich ausgehen. Diese Offenheit und Zuneigung für mich, seine Bereitschaft, mir zutiefst nahe zu sein, ist da, auch dann, wenn ich in manchen Momenten und Phasen meines Lebens nichts davon merken und spüren mag. In diesen Momenten und Phasen gilt es, immer wieder das von der eigenen Zuneigung zu Gott getragene „Du, mein Gott", und sei es unter Tränen, in Schmerzen, in Wut und Empörung oder in Verzweiflung, zu sprechen, genährt mit all der Sehnsucht, Ihn anzutreffen, Ihn zu treffen, endlich (wieder) sein Du zu hören, seine Nähe zu erfahren, mit Ihm eins zu werden.

VI. EMPATHIE UND KIRCHE

„... Ich träume mehr und mehr von einer Kirche, die – um uns zu verführen, mit ihr zu fühlen und vorauszufühlen – sich fähig zu zeigen wüßte, ‚mit der Welt zu fühlen und vorauszufühlen'. – Ich kann nicht zulassen, daß die abgeschlossene und ängstliche Atmosphäre, die man im Augenblick in der Kirche atmet, die des Evangeliums sein soll."

P. Teilhard de Chardin

1. Äussere Kruste und lebendiger innerer Inhalt

Die Anwesenheit eines stark ausgeprägten menschlichen Konservatismus in der Kirche sollte nicht die Tatsache verdunkeln, daß die christliche Tradition, übernatürlich in ihrem Ursprung, etwas ist, das in einem absoluten Widerspruch zum menschlichen Konservatismus steht.

Thomas Merton

Totale Empathie – sie wird es auf Erden nur in heiligen Momenten geben. Ansonsten wird sie immer eingeschränkt erlebbar und erfahrbar sein. Aber warum sollte sie nicht auf dem Vormarsch sein, sich immer mehr verbreiten, immer mehr verwandeln? Bis sie eines Tages alles verwandelt hat, an dem Tag, an dem die Erde, die Welt, der Kosmos zugleich das Reich der Himmel ist? Doch zunächst müssen wir mit der unvollkommenen Empathie vorlieb nehmen, damit zufrieden sein, zumindest damit zu leben versuchen, freilich ohne dadurch in unserer Offenheit und unserem Bemühen, sie immer mehr in unserer eigenen Mit- und Umwelt zur Entfaltung zu bringen, nachzulassen.

Das gilt auch für die Empathie in der Kirche. Sie wird auf unzählige Hindernisse treffen, wo sie versucht sich auszubreiten und den Menschen in der Kirche einen Raum zu eröffnen, wo ihre Herzen sprechen können, um sich mit den Menschen und Gott zu vereinigen. Solange die Empathie am Leben erhalten und spürbar bleibt, kann man es in der Kirche aushalten, denn solange ist auch Gott da. Wehe aber, wenn das Gesetz, die Nomenklatura, das Es, die Ordnung Oberhand gewinnen und die Empathie immer mehr zurückdrängen, einschränken, ihr die Luft nehmen, bis sie schließlich dahinsiecht und stirbt. Dann bleibt nur noch die Hülle, die Struktur, dann bleiben nur noch die Gebäude, die Formen und Riten, dann sterben die Mystiker, Charismatiker, die wirklich frommen Seelen aus und die Stunde der Sachverwalter, der Beamten und der Juristen ist gekommen.

Mein blinder Freund Max Pearse, Professor für Pastoralpsychologie und Anglikaner, den ich in Berkeley, Kalifornien, kennenlernte, sagte mir einmal, daß es angesichts der Brutalität und Kriminalität von San Francisco gut sei, daß gleichsam als Schutz oder auch als Bollwerk auch eine starke, organisierte Kirche existiere. Wir Menschen brauchen „Gefäße", Grenzen, Eingrenzungen, einen Rahmen. Wir brauchen Dogmen, Kirchen, Gemeinden, Systeme usw. Sie können schützen, helfen zu vertiefen, zugleich aber auch verzerren und verfälschen. Sie können das, wozu sie eigentlich dienen sollen leisten, aber sie können irgendwann einmal auch sich selbst wichtiger nehmen, als das, wofür sie da sind.

„Nur ein Geschenk Gottes kann uns den Unterschied lehren zwischen der trockenen äußeren Kruste von Formalität, die die Kirche zuweilen von der menschlichen Natur annimmt, die sie ausmacht, und dem lebendigen inneren Inhalt göttlichen Lebens, der die einzig wahre katholische Tradition ist", sagt Thomas Merton (1949, 80). Dieser inneren, einzig wahren katholischen Tradition gilt es immer wieder zum Durchbruch zu verhelfen, wenn nötig auch gegen Bestrebungen, die unter dem Namen katholischer Tradition jene Tradition *äußerlich* (wieder) errichten möchte, ohne zu merken, daß sie damit die wahre, innere katholische Tradition verrät, die in der Kirche das „Gefäß" gefunden hat, in das der Hl. Geist, seine Wahrheit, die Wahrheit von Gott selbst eingegossen hat. Nicht um sie mit einer immer fester werdenden Kruste zu umfassen, nicht um sie durch Engherzigkeit, Dogmatismus und Legalismus zu ersticken, sondern um sie durch seine Kirche in die Herzen der Menschen strömen zu lassen; um die Kirche selbst immer wieder zu erneuern. „Denn die lebendige Tradition des Katholizismus ist wie das Atmen des Körpers. Sie erneuert Leben, indem sie die Stagnation zurückweist. Es ist eine konstante, ruhige, friedvolle Revolution gegen den Tod" (ebd. 78).

Ich fühle mich durch das, was Thomas Merton über das Verhältnis von Tradition und Wahrheit sagt, sehr angesprochen. Wie er bin ich bereit, will ich wenigstens immer wieder bereit sein, auch wenn das nicht immer einfach und selbstverständlich für mich ist, ja zu sagen zu der mir von meiner Kirche vorgelegten Wahrheit. Ich tue das, weil ich keine Zweifel habe, über diese formulierten Wahrheiten dahin zu gelangen, worum es eigentlich geht, und worum es ihnen auch geht, nämlich zu Gott zu gelangen, Ihm näherzukommen. Ich glaube auch, daß in diesem Sinne die Dogmen meiner Kirche nicht eine Verengung darstellen, sondern vielmehr eine Zuspitzung, Fokusierung, eben eine weitergehende Annäherung an die Wahrheit darstellen, als andere Lehren und sogenannte Wahrheiten.

Dann aber gilt für mich auch jene Überzeugung und Erfahrung, daß ich im Eingehen und Eintauchen in die von meiner Kirche

vorgelegten Wahrheiten irgendwann die vorformulierten Grenzen übersteige, ja übersteigen muß, will ich nicht im Raster des Dogmas hängenbleiben, sondern wirklich in die grenzen- und endlose Verbindung mit meinem Gott treten. Hier haben Theologie und Kirche dann keinen Zutritt mehr. Nicht, daß sie keine Rolle mehr spielen, haben sie mir doch auf dem Weg dahin möglicherweise einen wichtigen Dienst erwiesen, und sind sie doch auch jetzt wie vorher und nachher ein wichtiger Teil meines Lebens.
Jetzt aber treten sie zurück, haben sie zurückzutreten, damit die eine Wahrheit, die Gott selbst ist, sich in der Begegnung mit Gott enthüllen kann. „Wahrheit ist hier Eine, Die wir nicht nur kennen und besitzen, sondern durch die wir erkannt und in Besitz genommen werden. Die Theologie hört hier auf, ein abstraktes System zu sein und wird zu einer Lebendigen Wirklichkeit, Die Gott selbst ist“ (ebd. 83).

2. Christus ist unermesslich viel grösser

> Ich glaube, daß die Kirche noch ein Kind ist. Christus, von dem sie lebt, ist unermeßlich viel größer, als sie sich ihn vorstellt...
> *P. Teilhard de Chardin*

Alle Bemühungen des Menschen, die Wahrheit, Gott, zu fassen und zu erfassen, bleiben unzulänglich. *Die* Wahrheit, die allein Gott ist, ist daher auch niemals die Kirche und auch nicht ein Dogma. Sie stellen Bemühungen dar, die Wahrheit, Gott, zu erahnen – darf man sagen zu konkretisieren, spürbar zu machen?
Insofern die Kirche und die Dogmen dazu beitragen, die Wahrheit transparenter zu machen, sie zu vermitteln, gehören sie irgendwo zu ihr. Sie sind die „Sprache“ der Wahrheit, versuchen sie zu über-

setzen. Die Kirche als Sprache Gottes, *der* Wahrheit. Wäre demnach Gott, die Wahrheit, sprach-los ohne die Kirche? Bliebe die Wahrheit dann verborgen, gäbe es keine Kirche? So kann es eigentlich nicht sein, aber was sollen sie und ihre Dogmen dann? Oder aber nutzt Gott tatsächlich die Kirche als Sprachrohr, indem er sich über sie, obwohl auch sie nur unzulänglich von ihm sprechen kann, deutlicher zeigt, sich, seine Wahrheit, die Wahrheit schlechthin, durch sie zum Ausdruck bringt, insofern und dann, wenn darin eine Übereinstimmung mit Jesus, dem Menschen und Gott zugleich, gegeben ist? Ist dieser unendliche Gott dann also doch – unter den genannten Voraussetzungen, in der Kirche (bezogen auf seine Wahrheit, die er selber ist) näher, faßbarer? Der Anspruch besteht.

Ist das so, dann läßt sich mit P. Teilhard de Chardin (in: Schiwy, 1981a, 333) sagen, daß von der religiösen Strömung des Katholizismus, selbst dann, wenn sie noch viel weiter von der Wahrheit entfernt wäre, als wir denken, bleibe, „daß sie die am weitesten gelungene Annäherung ist, die es für diese Wahrheit gibt – und daß, um höher zu gelangen, man sie übersteigen muß, indem man mit ihr glaubt, nicht, indem man hinausgeht, um seinen Weg allein zu suchen. Der Papst und alle Bischöfe zusammen sind ohnmächtig, uns genau alles zu sagen, was es in Christus gibt. Christus (sein Leben, sein Wissen) sind in der ganzen Kirche (Gläubige und Hirten) aller Zeiten niedergelegt. Damit Christus schließlich begriffen wird, braucht es die Anstrengung aller Christen bis ans Ende der Zeiten; kein Konzil könnte diese lange Reise abkürzen... Das Dogma entwickelt sich wie ein Mensch, der mit 40 Jahren derselbe ist wie mit 10 Jahren, aber dessen Form mit 40 Jahren nicht aus der von 10 Jahren deduziert werden kann...“

Solange unsere Dogmen Bemühungen und Versuche darstellen, das, was an Gottes Wahrheit für uns Gestalt angenommen hat, „festzuhalten“ und „aufzuzeichnen“, um damit eine Richtung vorzugeben, die für ein vertieftes Verstehen von Gottes Wahrheit förderlich ist, wenn sie sozusagen Kanäle darstellen, über die wir Gott und seiner Wahrheit näherkommen und sie uns zugleich abhalten von Richtungen, die uns von ihm und seiner Wahrheit wegführen würden, sind sie wichtig und hilfreich. Sollten sie aber dazu beitragen, unsere unmittelbare Beziehung zu Gott zu erschweren, gar zu verhindern, sollten sie wie Blöcke den Weg zu Gott versperren, dann sind sie untragbar.

Dogmen können ein willkommener und mitunter notwendiger Schutz sein, damit wir beim Hineinfallen in die Begegnung mit Gott nicht jene Grenze überschreiten, hinter der wir mit Erfahrungen konfrontiert würden, die uns nicht mehr gut tun, uns überfordern, ja verrückt machen können. So gesehen ist das Dogma eine Einladung, sich vertrauensvoll auf den Weg zu Gott zu machen, sich auf die Begegnung mit ihm einzulassen, ohne Angst haben zu müssen, dabei verloren zu gehen, oder sich so zu verlieren, daß ich nicht mehr auf die eigenen Füße zu stehen komme. Es will mich nicht bremsen, mich ganz auf die Beziehung zu Gott einzulassen, vielmehr will es mir das erleichtern, bietet es sich mir wie ein Geländer an, an dem ich mich festhalten kann.

Das Dogma fördert auf diese Weise mein Verlangen, mich in Gott einzufühlen, ihm ganz nahe zu sein, dabei auch für Momente mich total in ihn zu verlieren, um dann aber wieder mit mir selbst in Berührung zu kommen, wieder bei mir zu sein, aus der unmittelbaren Erfahrung der Umfassung mit Gott herauszutreten, die ja damit nicht aufhört weiterzuexistieren, sondern lediglich für mich nicht länger so gegenwärtig, so direkt erfahrbar ist. Das Dogma fördert weiter meine Empathie mit Gott, da ich weiß: Wähle ich bei meinem Bemühen, meiner Sehnsucht nach Gott nachzukommen, den mir vom Dogma vorgelegten Weg, dann gehe ich nicht in die Irre, kommt meine Sehnsucht ans Ziel.

Auch die Wüstenväter sehen einen engen Zusammenhang zwischen Dogma und Spiritualität (vgl. Leech, 1977, 154). In einer Erzählung wird berichtet, wie einige Leute den Wüstenvater Agathon, aufsuch-

ten, um ihn zu schmähen. „Bist du Agathon der Hurenbock?" „Ja", antwortete er voller Demut. „Bist du Agathon, der Eingebildete?" Seine Antwort war wieder „Ja". So fuhren sie eine Weile fort. Schließlich fragten sie ihn: „Bist du Agathon, der Häretiker?" Dieses Mal sagte er zu ihrem Erstaunen „Nein". Er hatte zugegeben, ein Hurenbock, ein Vielfraß usw. zu sein, aber er würde nicht zugeben, ein Häretiker zu sein. „Alle diese anderen Dinge sind gut für meine Seele. Ich sollte sie annehmen. Aber ein Häretiker zu sein – das trennt von Gott."

Bei der Häresie trete ich aus der Umfassung, in der mich Gottes Offenbarung erreichen kann.

3. Liebe andere Menschen und diene ihnen

> Mein Gott, habe Erbarmen mit uns armen, engen und sündigen Toren, die wir deine Kirche bilden, habe mit denen Erbarmen, die sich deine Stellvertreter nennen... Ich will mich auch immer wieder um helle Augen bemühen, die die Wunder deiner Gnade sehen können, die auch heute in der Kirche sich ereignen. Ich gestehe, daß ich diese Wunder deutlicher bei den Kleinen in der Kirche sehe...
>
> *Karl Rahner*

Die sich von Amts wegen innerhalb der Theologie darum bemühen, die Lehre der Kirche, ihre Dogmen, zu formulieren, zu interpretieren und zu hüten, tragen eine große Verantwortung. Sie leisten damit für andere einen großen und schweren Dienst. Zugleich werden aber auch ihre Grenzen und die Gefahren, denen sie ausgesetzt sind, deutlich. Wo sie diese Grenzen und Gefahren sehen und respektieren, wird es ihnen z. B. gelingen, nicht an dem Dogma, soweit es „Gefäß" ist, hängenzubleiben. Sie werden dann selbst bereit sein, sich seiner revolutionierenden, alles neumachenden Kraft zu stellen, die sich dann ausbreiten kann, wenn der Inhalt des „Gefäßes" das Gefäß sprengt, um sie für Momente mitzuziehen und mitzureißen in das grenzenlose Du Gottes. Wo und wenn das geschieht, da wirkt Gott durch sie; da hat dann ein menschenunwürdiges, kaltes Verhalten von oben herab keinen Platz; da erstirbt Kleinkariertheit; da hat die Versuchung, den Inhalt in ein „Gefäß" zu drängen und einzusperren, das allzu offensichtlich für eine bestimmte theologische Schule oder Tradition steht, keine Chance. Sind die Hüter, Formulierer, Interpreten des Dogmas in dem, was sie tun, Menschen, die es leichter machen, Gott und seiner Wahrheit näher zu kommen, dann sind sie hilfreich auf dem Weg, Gott und seine Wahrheit immer mehr zu erkennen. Erweisen sie sich aber als Menschen, die durch ihr Verhalten, durch ihre Forderungen und ihr Auftreten den Weg zu Gott erschweren, behindern oder gar verhindern, dann sind sie untragbar.

Letztlich gilt das ja auch für die Kirche, die Werkzeug Gottes ist, bzw. sein sollte, durch das unsere Beziehung zu Gott gefördert, leichter gemacht, überhaupt erst ermöglicht werden soll. Ein solches Werkzeug darf und soll auch immer wieder zur Herausforderung werden. Nur, wenn das einseitig geschieht, wenn die eine Seite sich absolut im Recht glaubt und unter Ausnutzung ihrer Stellung die Annahme ihrer Wahrheit kompromißlos verlangt, sich selbst aber nicht den manchmal auch schmerzlichen Prozessen stellt, die damit einhergehen, wenn man gemeinsam sich auf die Suche nach Wahrheit macht, dann versündigt sich nicht nur die eine Seite, weil sie fundamental gegen die Liebe verstößt – und mag sie hundertmal glauben, das Durchsetzen der angenommenen Wahrheit rechtfertigt die Unterlassung der Liebe –, sie nimmt sich zugleich auch die Chance der echten Wahrheitsfindung, die gerade auch durch die Prozesse gefördert wird, die der gegenseitigen Auseinandersetzung entspringen. Und noch einmal: Wehe denen, die sich gegen die Liebe vergehen, in ihrem Bemühen, dem, was sie als Wahrheit erkennen, zum Durchbruch zu verhelfen. Abgesehen davon, daß die Wahrheit nie etwas Abstraktes ist, daß Wahrheit immer auch eingebettet ist in unsere menschliche Situation und in die lebendige Beziehung zu Gott – Wahrheit, die auf Kosten von Liebe oder unter Vernachlässigung von Liebe durchgesetzt worden ist oder durchgesetzt wird, erweist sich letztlich als Un-Wahrheit, da sie einen Angriff auf Gott selbst darstellt, der *die* Wahrheit und *die* Liebe ist.

O du Armer, der du glaubst, Macht sei keine Vokabel, die sich für die Kirche eigne. Es gibt sie in der Kirche und es wird sie immer in der Kirche geben, da diese Kirche eben nur das „Gefäß" der Wahrheit und nicht die Wahrheit selber ist, als Gefäß aber der menschlichen Begrenztheit und Beschränktheit voll unterstellt ist. Wehe, wenn du die Kirche mit dem Inhalt verwechselst und dabei vielleicht sogar übersiehst, daß Du es selber bist, der „Macht" ausübt, in der törichten Annahme, dein Wort, dein Auftrag, dein Befehl sei von oben, sei direkt gespeist vom Inhalt, der *Wahrheit, Gott. Weh dir, wenn du glaubst, in Seinem Namen anderen Lasten aufbinden zu können und es allein du bist, der anderen Lasten aufbindet.*

Manchmal denke ich, eigentlich müßten die Hüter der Wahrheit, müßten wir kirchlichen Männer und Frauen, die wir in unterschiedlichen Graden am Hüter-Amt teilhaben, soviel mehr als andere etwas davon ausstrahlen, müßte uns etwas davon anzumerken sein, daß wir – anscheinend – soviel intensiver mit der Wahrheit zu tun haben und von ihr erfüllt sind. Mir ist aber längst klar, daß von uns nicht mehr zu erwarten ist als von jedem anderen, weil wir dieser einen Wahrheit so fern und so nahe sind wie jeder andere, der sich redlich bemüht, ihr näherzukommen, Ihm näherzukommen und von dieser Nähe her sein Leben zu gestalten. Das aber sollte jene und uns, die die Wahrheit hüten, bescheiden machen. Sie und wir sollten nicht den Eindruck erwecken, als stünden wir ihr näher, als hätten wir aus einem Becher getrunken, der uns mehr Erkenntnis und Einsicht vermittelte, als den anderen. Noch weniger sollten wir den Eindruck erwecken, als erlaube uns diese Hüterfunktion uns wichtiger zu nehmen als die Mitmenschen, für die wir da sind, als gestatte das uns, die einfachsten Regeln der Höflichkeit zu übergehen und wie selbstverständlich Privilegien zu genießen.

Darin kommt nicht eine enge, besondere Verbundenheit mit der Kirche und ihrer Tradition zum Ausdruck und schon gar nicht eine enge, ja besonders enge Beziehung zu Gott. Zu jener tiefen Verbundenheit mit der Kirche und ihrer Tradition und schließlich mit Gott dürften vor allem jene finden, auch wir in der Kirche an ihrem Haupt und an ihren Gliedern, die dem Ruf dieser Tradition folgen. Der aber lautet: „Sei arm, geh zur untersten Stufe der Gesellschaft, nimm die Plätze unter den Menschen ein, lebe mit den Verachteten, liebe andere Menschen und diene ihnen, statt sich von ihnen bedienen zu lassen. Wehre dich nicht, wenn sie dich herumstoßen, sondern bete für jene, die dich verletzen. Sei nicht aus auf Vergnügen, sondern wende dich ab von den Dingen, die deinen Sinnenverstand befriedigen, und schaue in Hunger und Durst und Dunkelheit nach Gott, auf dem Weg durch Wüsten des Geistes, die zu durchwandern als verrückt erscheint. Nimm auf dich das Kreuz Christi, Christi Demut, Armut, Gehorsam und Versöhnung, und du wirst Frieden finden für deine Seele." Wenn ich diese Worte von Thomas Merton (1949, 48f.) lese und mich und meine Kirche an Haupt und Gliedern anschaue, kann ich nur voller Bestürzung schweigen.

4. Eine Kirche, die mit meiner Spiritualität gefaltete Hände formen kann

> ... der frei machende Geist der Kirche ist unlösbar an seine Existenz als organisierter Leib gebunden, mögen dieser Leibhaftigkeit auch Gewöhnliches und Unzulängliches anhaften...
>
> *P. Teilhard de Chardin*

Ich habe gespürt, wie sehr mein spirituelles Leben, meine Beziehung zu Gott, Anfechtungen und Zweifeln ausgesetzt war, wenn ich diese Beziehung zu sehr im Kontext der Menschen und ihrer Handlungen sah, die eine große Rolle in meiner Kirche spielten und spielen. Anfechtungen und Zweifel habe ich auch jetzt noch, nur, meine Beziehung zu Gott, das Bewußtsein meiner Spiritualität und die Bejahung und Pflege meiner Spiritualität haben eine neue Qualität erhalten, als ich entdeckte, wie sehr sie ein Teil von mir ist und ein Geschenk Gottes. Ich vermochte sie aus der symbiotischen Beziehung mit der Kirche bzw. den Menschen und Verlautbarungen, die für mich Kirche ausmachen, zu befreien. Das Verhältnis zwischen meiner Spiritualität und der Kirche war jetzt nicht mehr das Ineinander verschränkter Hände, die aneinander festkleben und keine Bewegung zulassen, sondern ein Verhältnis gegenseitigen Respektes und von Unabhängigkeit, wie sie das Bild von den gefalteten Händen vermittelt. Gefaltete Hände beziehen sich aufeinander, sie berühren sich und geben eine Richtung an. Jede Hand bewahrt aber ihre Selbständigkeit, wird nicht festgehalten durch die andere Hand, kann sich frei bewegen.
Meine Spiritualität verlor damit nicht die Berührung zur Kirche, sie wurde mir aber stärker als je zuvor als ein Teil von mir bewußt, als ein Geschenk Gottes, aber auch als ein Stück von mir, für das *ich* Verantwortung trage. Ich konnte jetzt auch nicht länger die Kir-

che verantwortlich machen für die Gestaltung und Pflege meiner Beziehung zu Gott, so sehr und so gerne ich ihre Hilfe dabei annahm und annehme, sondern ich mußte und muß selbst etwas dafür tun. Dabei entdeckte ich den Wert und die Bedeutung der Kiche neu. Plötzlich sah ich gerade in ihren gottesdienstlichen Angeboten nicht mehr eine Pflicht, ein „muß", eine Sache der Routine, sondern ein Angebot, auf das ich nur zu gerne zurückgriff. Ich wußte und spürte, daß dieses Bewußtsein von einem spirituellen Sein in mir zugeschüttet werden kann, wenn ich es nicht am Leben erhalte, es pflege, etwas dafür tue, wenn ich nicht damit in Kontakt bleibe und bereit bin, auch in diesem spirituellen Willen, Sehen, Fühlen und Tun zu wachsen, Neues zuzulassen und kreativ zu bleiben.

Ich lebte damals an der Westküste Amerikas in der Bay-Area, einer Gegend, in der organisierte Religion eine relativ geringe Rolle spielt. Fronleichnam, Christi Himmelfahrt, Marienfeste, ja selbst Pfingsten bleiben an der allgemeinen Öffentlichkeit unbeachtet. Die Bay-Area ist, so hätte man zumindest früher gesagt, eine heidnische Welt. Und doch, ich habe noch nie solche unterschiedlichen Formen von Spiritualität gefunden wie hier. Es gibt einfach alles. Das ist zunächst faszinierend, es ist aber zugleich auch verwirrend. Mir wurde deutlich, daß es nicht nur eine Form der Spiritualität, nicht nur eine Art der Pflege der Spiritualität gibt, sondern hunderte. Und ich traf viele Menschen, die mich überzeugten, und vor denen ich Hochachtung habe, weil ihr Leben und ihr Tun in so angenehmer Weise etwas von ihrer Spiritualität ausstrahlte. Oft, ja meistens, waren es keine Christen. Und doch zog es mich vor allem in die christlichen und da vornehmlich katholischen Kirchen und Gottesdienste. Da fühlte ich mich zu Hause. Da fand ich meine Herkunft, meine Tradition wieder, und da fand ich auch die Gemeinschaft und jenes Verständnis von Gott, von dem meine Spiritualität und mein Leben sich am meisten angesprochen fühlte.

Meine religiöse Erziehung hat sicher einen entscheidenden Beitrag geleistet, überhaupt diesen spirituellen Bereich in mir wahrzunehmen und heranzubilden. Sie hat auf der einen Seite aber auch dabei mitgewirkt, daß dieser Bereich verbogen, verstellt, blockiert und verkürzt wurde. Es hat dabei meiner Ansicht nach wenig Sinn, hier richten zu wollen, wer daran die Schuld trägt. Wichtig aber ist, keine Scheu davor zu haben, nach den Anteilen in den eigenen religiösen Vorstellungen und Einstellungen zu schauen, die verstellt worden sind, die ungesund sind und krank machen. Der Vorwurf der Gottesvergiftung ist nicht nur eine Infamie. Sie ist für nicht wenige eine bittere Erfahrung. Nur, eine Religion oder Kirche, die Gott vergiften, die krank machen, haben nichts gemein mit der Spiritualität als Bereitschaft, sich auf Gott einzulassen und ihn in sich einzulassen. Sie haben auch nichts zu tun mit dem uneingeschränkten Ja zu einem spirituellen Bereich, zu einem Sein in mir, das mit allen Phasen meines Seins und Tuns verbunden ist, und das der ständigen Bewußtmachung und Pflege bedarf.

Eine Religion und eine Kirche, die mich krank machen, die mich klein halten, die mich depressiv stimmen und mich auffordern, Gottes Schöpfung auszuplündern, die meine Kreativität und Spontaneität durch Legalismus und Dogmatismus töten, die mich maskrupulös machen und mit falschen Schuldgefühlen beladen, machen mich nicht nur argwöhnisch und stutzig, was ihre Legitimation und Zielrichtung angeht, sie sind für mich schlicht untragbar. Eine Religion und Kirche, die mit meiner Spiritualität faltende Hände formen können, die meine Bedürfnisse nach innerer Sicherheit, Erfüllung, nach einer lebendigen und spürbaren Beziehung zu Gott respektieren, und deren Erfüllung fördern, die sich als Quelle, Stimulanz und Bezugsrahmen für Bewußtwerdung, Verwirklichung und dem Wachsen meiner spirituellen Seite zur Verfügung stellen, überzeugen mich. Sie erfahre ich als Angebot und Unterstützung. Eine solche Religion und Kirche sind nicht aus Papier, bestehen nicht nur in Worten und kommen nicht nur bei meinem Kopf an. Sie lassen sich anlangen und sind gerade deswegen nicht nur „menschlich“. Auf alle Fälle sind sie aber nicht nur Institution und das Ergebnis scharfen Denkens. Sie sind warm, gesund, lebensbejahend. Sie sind nicht steril, hohl, verkopft, farblos. Hier findet meine Spiritualität einen Rahmen und eine Atmosphäre, in dem und in der zu leben lebenswert ist, das Leben bereichert wird. Meine Spiritualität wird hier nicht verkrustet, entsinnlicht, ausgetrocknet. Ich erfahre sie als eine Perle, die zu besitzen und zu erhalten ich zu geben alles bereit bin.

Wenn so viele Menschen ihre spirituellen Bedürfnisse gar nicht wahrnehmen oder auch gar kein Interesse daran zeigen, dann kann das daran liegen, daß für sie Spiritualität zu sehr nach Weihrauch riecht oder einfach als eine eher lästige und künstliche „Zugabe“ gewertet wird, die, wer mag, sich zulegen kann. Sie erkennen und erfahren sie nicht als einen wesentlichen und unverzichtbaren Teil ihres Selbst. Die Folge ist: Der Kontakt zur eigenen möglichen Spiritualität geht verloren. Jener Ort in uns, der der Bewußtmachung und Pflege des spirituellen Lebens dient, wird zur Abstellkammer, zum unwohnlichen Platz. Während in anderen Bereichen des Lebens Fortschritte gemacht werden, Neues dazugelernt wird und Fähigkeiten und Begabungen ausgebaut werden, bleibt die Abstellkammer unbeachtet, statt auch hier die Fenster aufzumachen, die Wände frisch zu streichen, anzubauen, freundliche Möbel aufzustellen und farbenfrohe Bilder aufzuhängen. Manchmal, wenn bei allem Erfolg, bei allem Weiterkommen und Wachsen, das Glück und die Zufriedenheit sich nicht einstellen wollen, oder wenn Schicksalsschläge den Erfolg bremsen, wenn Menschen mit ihren Grenzen radikal konfrontiert wurden, mag sich in ihnen etwas rühren, mag ein Gespür in ihnen wach werden, daß da noch etwas anderes ist. Manche entdecken dann vielleicht wieder die Abstellkammer und machen sich daran, sie wieder wohnlich zu machen, andere aber finden sie nicht mehr.

Die spirituelle Seite in uns ist lebenswichtig für ein geglücktes Menschsein. Wer falsche Religion und negative Erfahrungen mit der Kirche mit Spiritualität gleichsetzt und sie aus seinem Leben zu drängen versucht, kann ebenso Schaden an Leib und Seele erleiden wie der, der das Opfer einer Religion geworden ist, die ungesund ist und krank macht.

Heute weiß ich, daß die Auseinandersetzung mit meiner Kirche mir einen neuen Zugang zu meiner Spiritualität und hier vornehmlich zu meiner Beziehung zu Gott möglich gemacht hat. Das aber hat entscheidend dazu beigetragen, daß ich die Kirche neu für mich entdeckt, ja die Zugehörigkeit und das Leben in und mit ihr als eine Bereicherung und Vertiefung meines Lebens erfahren durfte und darf. Ich stimme mit Henri Nouwen (1988, 117) überein, wenn er sagt: „Höre vor allem auf die Kirche... Die Kirche ist der Leib des Herrn... Auf die Kirche hören heißt, auf den Herrn der Kirche hören. Konkret bedeutet dies, am liturgischen Leben der Kirche teilzunehmen: Advent, Weihnachten, die Fastenzeit, Ostern, Christi Himmelfahrt, Pfingsten und die ganze Zeit danach. Diese Feste und Zeiten tragen dazu bei, Jesus immer besser kennenzulernen. Sie verbinden dich auch immer enger mit dem göttlichen Leben, daß Er dir in der Kirche anbietet. – Die Eucharistiefeier ist das Herz des Lebens. Dort hörst du das Evangelium, das Leben spendet, und dort empfängst du die Gaben, die dich am Leben halten. Die größte Sicherheit, immer auf die Kirche zu hören, erwächst uns aus einer regelmäßigen Teilnahme an der Eucharistiefeier."

Henri Nouwen spricht mit dem liturgischen Leben der Kirche den Bereich von Kirche an, an dem die Gemeinschaft mit Gott, die Umfassung mit ihm, in einer besonders intensiven Weise gelebt, gefeiert, zum Ausdruck gebracht werden kann. Es ist der Bereich der Kirche, in dem sich Gottes Geist, seine Empathie, grenzenlos entfalten und ausbreiten kann. Es ist weiter der Bereich der Kirche, in dem viele Menschen Kirche als befreiend, als wahre „Gottesverbinderin" erleben. Das gilt auch, obwohl, wie Teilhard de Chardin (in: Schiwy 1981 a, 117) feststellt, der lebendige innere Inhalt göttli-

chen Lebens, der freimachende Geist der Kirche „unlösbar an seine Existenz als organisierter Leib gebunden“ ist, „mögen dieser Leiblichkeit auch Gewöhnliches und Unzulängliches anhaften..., vatikanische Intrigen und falscher Prunk des Kultes..“
Viele Christen haben sich wegen dem Gewöhnlichen und Unzulänglichen, das der Kirche zuweilen anhaftet, von der Kirche abgewandt. Jenen Rahmen hinter sich lassend, in dem auch dank der Kirche und ihrer Einrichtungen Gottes Umfassung in besonders intensiver Weise gelebt, gefeiert und zum Ausdruck gebracht werden kann, haben sie dabei vielfach zugleich dem freimachenden Geist in der Kirche selbst den Rücken gekehrt oder aber sich auf die Suche gemacht, ihn außerhalb der Kirche und ihrem liturgischen Leben zu finden. Andere wieder – und ich zähle mich dazu – versuchen die Spannung zwischen dem mystischen Leib und dem organisierten Leib der Kirche auszuhalten. Sie wissen um die Bedeutung des organisierten Leibes der Kirche, sehen zugleich aber auch, wo der organisierte Leib der Kirche die Entfaltung des mystischen Leibes der Kirche beeinträchtigen und zu seinem Schaden gereichen kann. Nur, wer wie Teilhard de Chardin die Kirche als den Stamm Christi in der Menschheit erkannt hat, wird ihren mystischen Leib nicht von ihrem organisierten Leib trennen können.

5. Gott war schon immer und wird immer sein

> … deshalb werden noch in Tausenden von Jahren, wenn das wahre Antlitz Christi ein wenig mehr enthüllt sein wird, die Christen immer und ohne Zögern das Credo sprechen…
>
> *P. Teilhard de Chardin*

Mitten im Herzen von Horn, einem Städtchen in Nordholland, gibt es eine Kirche, gebaut im 19. Jahrhundert, die innen zu einem Kaufhaus für Textilien umfunktioniert wurde, und in der unterm Dach, wie ich mir sagen ließ, hübsche Eigentumswohnungen Platz gefunden haben. Zunächst bin ich nur baff vor Erstaunen. Ich gehe in das Gotteshaus und finde einen normalen Textilladen vor. Eine Decke war eingezogen worden und nur an der Seite erinnern die wie gestutzt wirkenden Säulen an den ehemaligen Kirchen-Innenraum. Ich fühle mich beklommen.
Mir fällt eine Exkursion in Israel ein, die uns nach Schilo führte, einst der Ort, an dem die Bundeslade aufbewahrt wurde, ein Ort, von dem jetzt nichts mehr als ein paar Steinbrocken zu sehen sind. Damals trennte ich mich von der Gruppe und setzte mich auf einen Stein. Ich ließ auf mich wirken, daß von Schilo, einst der Stätte der Bundeslade, nichts mehr übriggeblieben ist. Schilo, so ging es mir durch den Kopf, ist vergangen, der Vergänglichkeit anheim gefallen. Vermutlich, so dachte ich mir, wird man das auch irgendwann einmal von Jerusalem oder von Rom sagen. Vielleicht wird in einigen Jahrhunderten oder Jahrtausenden jemand auf einem übriggebliebenen Steinblock der Peterskirche sitzen und über die Vergangenheit und die Vergänglichkeit nachdenken.
Die Peterskirche und Rom werden sicher nicht ewig bestehen und nicht unbedingt solange, wie die Erde bestehen wird. Gott war schon immer und wird immer sein. In Jesus Christus ist er uns

endlichen Menschen nähergekommen, mit der Kirche hat er eine Form geschaffen, die seine eigentlich unbegrenzte und unformbare Wahrheit, die er selbst ist, faßt, einrahmt, – unserer Begrenztheit wegen, damit wir wenigstens etwas von dieser Wahrheit ahnen können. Aber es ist wirklich nur ein Ahnen, Vermuten. Die Kirche und ihre Dogmen sind auch solche „Fassungen", die unserer Begrenztheit wegen hilfreich sind. Sie ermöglichen uns einen Splitter – wenn es soviel ist – von der unendlichen, grenzenlosen Wahrheit, die Gott selber ist, stärker in den Blickpunkt zu rücken. Formen und Fassungen verlieren an Bedeutung, je mehr uns, auch mit ihrer Hilfe, das wahre Antlitz Christi enthüllt wird. Das geht zwar ständig, zugleich aber auch sehr langsam voran. Deshalb „werden noch in Tausenden von Jahren, wenn das wahre Antlitz Christi ein wenig mehr enthüllt sein wird, die Christen immer noch ohne Zögern das Credo sprechen" (Teilhard de Chardin, in: Schiwy 1981 a, 333). Erst wenn das wahre Antlitz Christi ganz enthüllt sein wird, bedarf es keiner Form und Fassung mehr. Das ist der Augenblick, an dem der Mensch im Tod durch die endgültige und ewig andauernde Vereinigung mit Gott der ewigen Wahrheit teilhaft geworden ist.

EPILOG

Die Erfahrung ununterbrochener Verbundenheit mit Gott

> Du umfaßt mich von allen Seiten und legst deine Hand auf mich.
>
> *Psalm 139*

In „Zwiesprache" schreibt Martin Buber 1984, 157): „In jüngeren Jahren war mir das ‚Religiöse' die Ausnahme. Es gab Stunden, die aus dem Gang der Dinge herausgenommen wurden. Die feste Schale des Alltags wurde irgend woher durchlöchert." Ein Erlebnis, die Begegnung mit einem jungen Mann, bei der er wegen fehlender innerer Wachheit nicht merkte, daß er suizidgefährdet war, und der sich kurz darauf das Leben nahm, änderte diese Einstellung bei ihm. „Seitdem", schreibt er, „habe ich jenes ‚Religiöse', das nichts als Ausnahme ist, Herausnehmen, Heraustritt, ekstasis, aufgegeben, oder es hat mich aufgegeben. Ich besitze nichts mehr als den Alltag, aus dem ich nie genommen werde. Das Geheimnis tut sich nicht mehr auf. Es hat sich entzogen oder es hat hier Wohnung genommen, wo sich alles ergibt wie es sich ergibt."

Eigentlich bin ich immer wieder den ganzen Tag über in Berührung mit jener ununterbrochenen Verbundenheit mit Gott, dem, auf den alles wie auf das Eine sich in mir ausstreckt. Am Morgen und am Abend und manchmal in kurzen Momenten während des Tages bin ich mir dieser Verbundenheit besonders bewußt, oder ich rücke sie in mein Bewußtsein. Am Morgen, wenn ich den Tag mit einem Gebet, einem Lobpreis beginne, am Abend, wenn ich den Tag vor Gott lege, ihm übergebe und in innerer Zweisprache mit ihm darüber Rechenschaft ablege. Während des Tages gibt es

Momente, in denen ich das Bedürfnis in mir verspüre, mich auf diese Verbundenheit mit Ihm zu konzentrieren, um für Sekunden oder wenigstens Minuten einzutauchen in den Strom, der mich zu Ihm hinführt: im Zimmer, in dem Anne Frank über viele Monate eingesperrt wie in einem Gefängnis mit ihrer Familie hauste, und mir die Menschen einfallen, die auf engstem Raum eingepfercht ihr Leben fristen müssen; bei der Nachricht vom Tod, dem Tod mir vertrauter Menschen, Tod bedingt durch Unfallkatastrophen, oder bei der Nachricht von schockierenden, mich auflösenden Ereignissen. Dann kehre ich mich wie nach Halt suchend und im Glauben daran, auf diese Weise den davon Betroffenen helfen, etwas für sie tun zu können – in all meiner Ohnmacht – zu diesem Strom in mir, der ständig fließt, mir jetzt aber gegenwärtiger erscheint, um mich von ihm mitnehmen und manchmal auch mitreißen zu lassen, und in diesem Schweigen, Hingerissen-Werden und Aufgewühlt-Sein tief in mir zu Gott zu beten, zu rufen, zu schreien: „O Gott, erbarme Dich seiner, sei ihm nahe in diesem Moment, Du, mein Gott."

Ja, diese Verbundenheit mit Gott erlebe ich als etwas ständig Anwesendes und in diesem Sinne auch als etwas Alltägliches. Sie künstlich aus meinem Alltag, meinem Lebensraum, meinem Leben und meiner Umwelt herausnehmen zu wollen – das würde nicht stimmen für mich. Das schließt nicht aus, daß es Momente in meinem Leben gibt, in denen diese Verbundenheit in der Art, wie ich sie erfahre, deutlich hervortritt, zur Erfahrung einer Ekstasis, von Außergewöhnlichem wird. Das ist dann aber nicht etwas Neues oder ganz Anderes; es ist wie die Feier eines Geburtstages, an dem ich tiefer und ausführlicher mir bewußt mache und mir von außen her bewußt gemacht wird, daß ich bin, und daß es gut ist, daß ich bin. Die Feste der Kirche, jede Eucharistiefeier, aber auch andere Begebenheiten und Erfahrungen können zu solchen Augenblicken werden, bei denen ich bei mir besonders große Freude verspüre, ich es zelebriere und feiere, mit Gott verbunden zu *sein.*

Bernhard von Clairvaux, „Weil mein Herz bewegt war“, hg. von Hense, E. u. Wehr, G., Freiburg 1990
Binswanger, L., Der Mensch in der Psychiatrie, Pfullingen 1957
Buber, M., Vorwort, in: Trüb, M., Heilung aus der Begegnung, Stuttgart 1951
– ders., The Knowledge of Man, London 1965
– ders., Ich und Du, Heidelberg [11]1983
– ders., Das dialogische Prinzip, Heidelberg [5]1985
Fromm, E., Die Kunst des Liebens, Frankfurt 1978
Gebsattel, V., von, Krisen in der Psychotherapie, in: Jahrbuch für Psychologie und Psychotherapie 1 (1952), Würzburg, Sonderdruck
Gerkin, C.H., The Living Human Document. Re-Visioning Pastoral Counseling in a Hermeneutical Mode, Nashville 1984
Guardini, R., Die Annahme seiner Selbst, Mainz 1987
Jung, C.G., Über die Beziehung der Psychologie zur Seelsorge (1932), in: Ges. Werke, Bd. XI: Zur Psychologie westlicher und östlicher Religion, Olten 1971, 353–376
Katz, R., Empathy, Its Nature and Uses, London 1963
– ders., Martin Buber and Psychotherapy, in: Hebrew Univ. College Annual 46 (1975), 413–431
Kirschenbaum, H., On Becoming Carl Rogers, New York 1979
Leech, K., Soul Friend. The Practice of Christian Spirituality, San Francisco 1977
Leavitt, D., The Lost Language of Cranes, London 1989
May, R., Freedom and Destiny, New York 1981
– ders., The Art of Counseling, New York 1989
Merton, Th., Seeds of Contemplation, New York 1949

Newsweek 37, (1989), 58–59
Nouwen, H., Jesus, Sinn meines Lebens, Freiburg 1988
Peck, Sc., The Road Less Traveled, New York 1978
Rahner, K., Gebete des Lebens, Freiburg [5]1985
Ratzinger, J., Theologische Prinzipienlehre, München 1982
Rogers, C., A Way of Being, Boston 1980a
– ders., u. Rosenberg, R., Die Person als Mittelpunkt der Wirklichkeit, Stuttgart 1980b
– ders., Tonbandaufzeichnungen eines Referates von Carl Rogers auf dem Workshop über Client-Centered-Therapie, La Yolla 1981
– ders., Die Kraft des Guten. Ein Appell zur Selbstverwirklichung, München 1985
– ders., Comments on the Issue of Equality in Psychotherapy, in: Journal of Humanistic Psychology 27, 1 (1987), 38–40
Schmid, P., Personale Begegnung, Würzburg 1989
Schiwy, G., Teilhard de Chardin, Sein Leben und seine Zeit, München 1981, Bd. 1 u. 2
Stenger, H., Eignung für die Berufe der Kirche. Klärung, Beratung, Begleitung, Freiburg [2]1989
Trüb, H., Heilung aus der Begegnung, Stuttgart 1951
Welte, B., Vom rechten Hören, in: Hemmerle, K., u. a. (Hg.) Gespräch ohne Partner, Freiburg 1960
Zweig, St., Die Heilung durch den Geist, Frankfurt 1989